学ぶ人は、
変えてゆく人だ。

目の前にある問題はもちろん、
人生の問いや、
社会の課題を自ら見つけ、
挑み続けるために、人は学ぶ。
「学び」で、
少しずつ世界は変えてゆける。
いつでも、どこでも、誰でも、
学ぶことができる世の中へ。

旺文社

JN050856

最高クラス
問題集

こくご
小学1年

旺文社

目次

編集協力　有限会社マイプラン
装丁・本文デザイン　内津剛（及川真咲デザイン事務所）
校正　東京出版サービスセンター、細谷昌子

中学入試を視野に入れたハイレベル問題集シリーズ

●中学入試に必要な学力は早くから養成することが大切！

中学入試では小学校の教科書を超える高難度の問題が出題されますが、それらの問題を解くための「読解力」や「思考力」は短期間で身につけることは困難です。早い時期から取り組むことで本格的な受験対策を始める高学年以降も余裕をもって学習を進めることができます。

●3段階のレベルの問題で確実に学力を伸ばす！

本書では3段階のレベルの問題を収録しています。教科書レベルの問題から徐々に難度を上げていくことで、確実に学力を伸ばすことができます。

●思考力問題で実際の入試をイメージ！

中学入試では思考力を問われる問題が近年増えているため、本書は中学入試を意識した思考力問題を掲載しています。暗記やパターン学習だけでは解けない問題にチャレンジして、自分の頭で考える習慣を身につけましょう。

本書の３段階の難易度

★　標準レベル … 当該学年の教科書と同程度のレベルの問題です。確実に基礎から固めていくことが学力を伸ばす近道です。

★★　上級レベル … 教科書よりも難度の高い問題で、応用力を養うことができます。上の学年で扱う内容も一部含まれています。

★★★　最高レベル … 上級よりもさらに難しい、中学入試の準備にふさわしい問題です。

別冊・問題編

問題演習

標準レベルから順に問題を解きましょう。

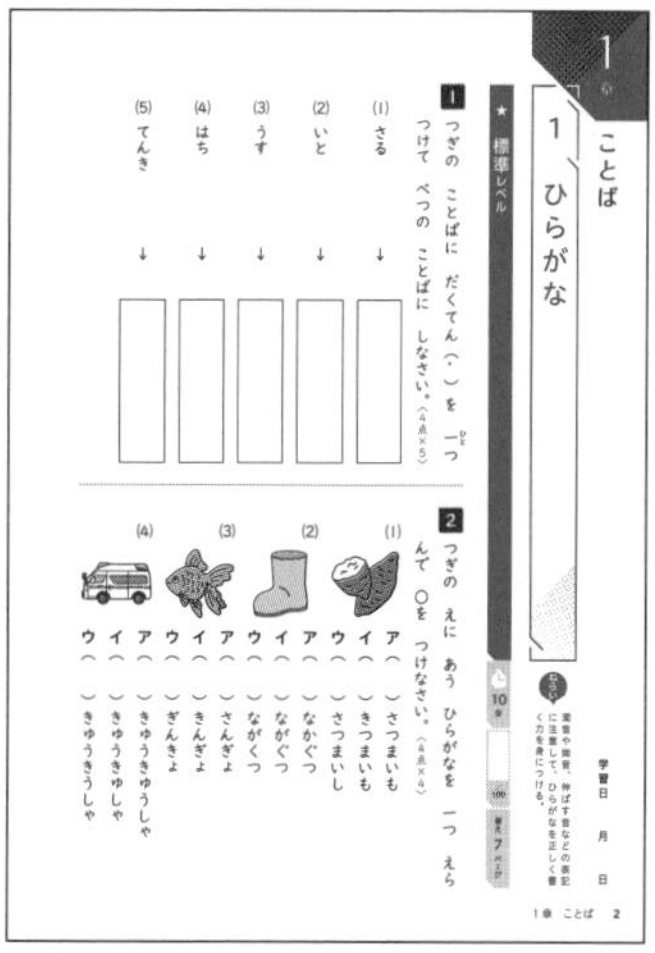

復習テスト

2～3単元に一度、学習内容を振り返るためのテストです。

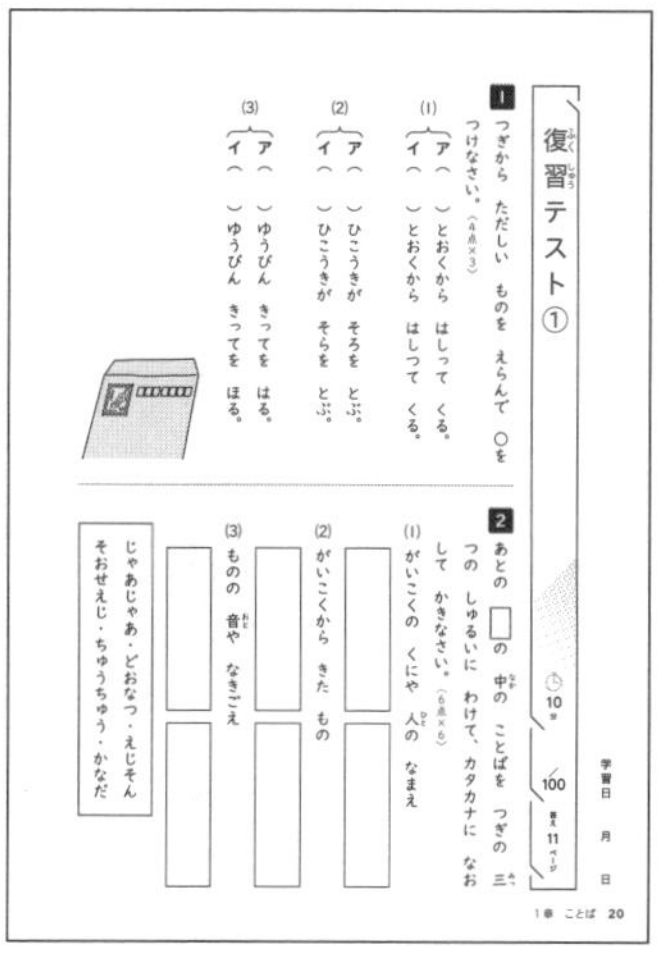

思考力問題にチャレンジ

中学入試を意識して挑戦してみましょう。

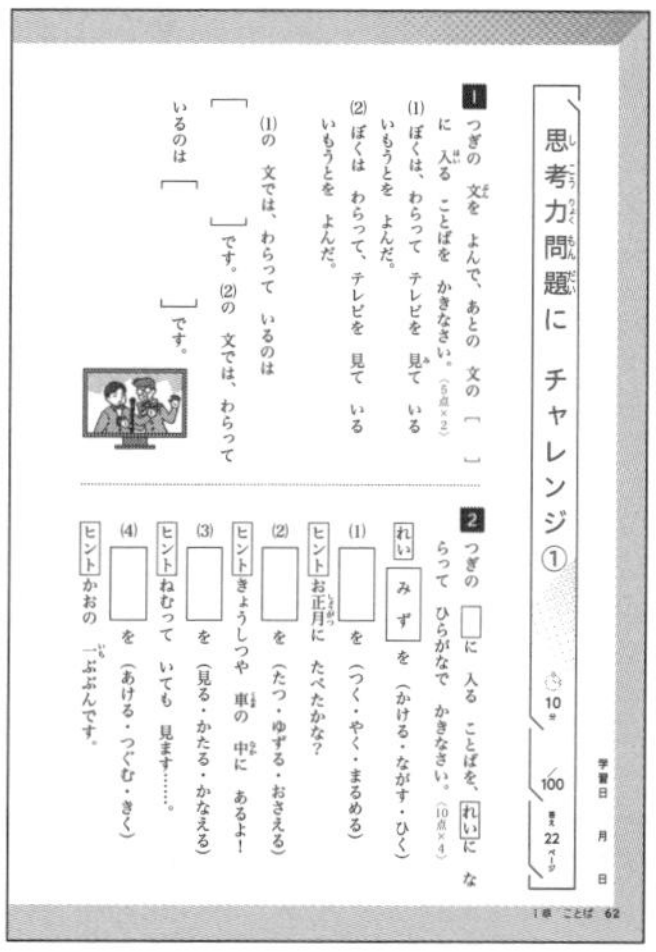

総仕上げテスト

本書での学習の習熟度を確認するためのテストを2セット用意しています。

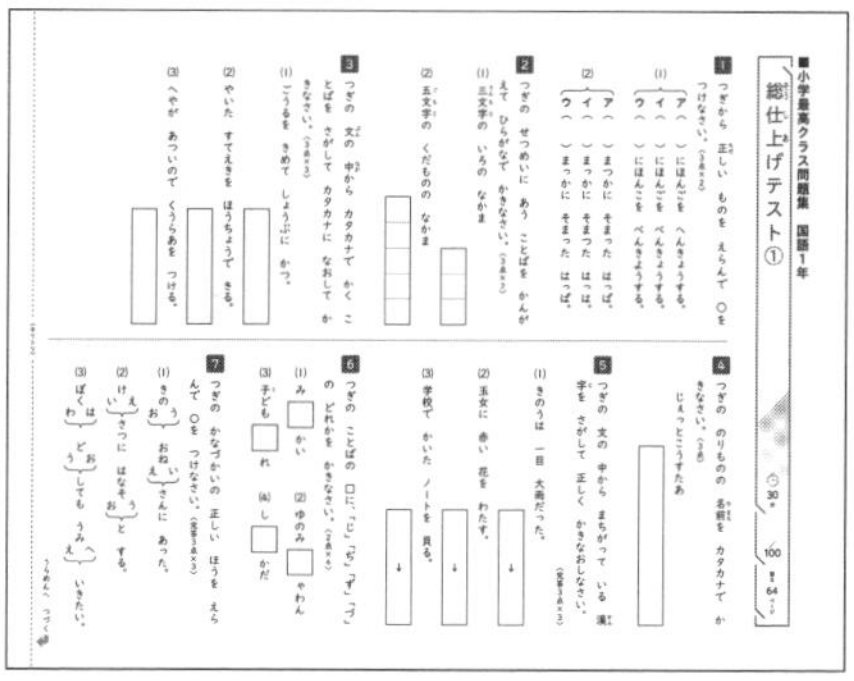

本冊・解答解説編

解答解説

丁寧な解説と、解き方のコツがわかる「中学入試に役立つアドバイス」のコラムも掲載しています。

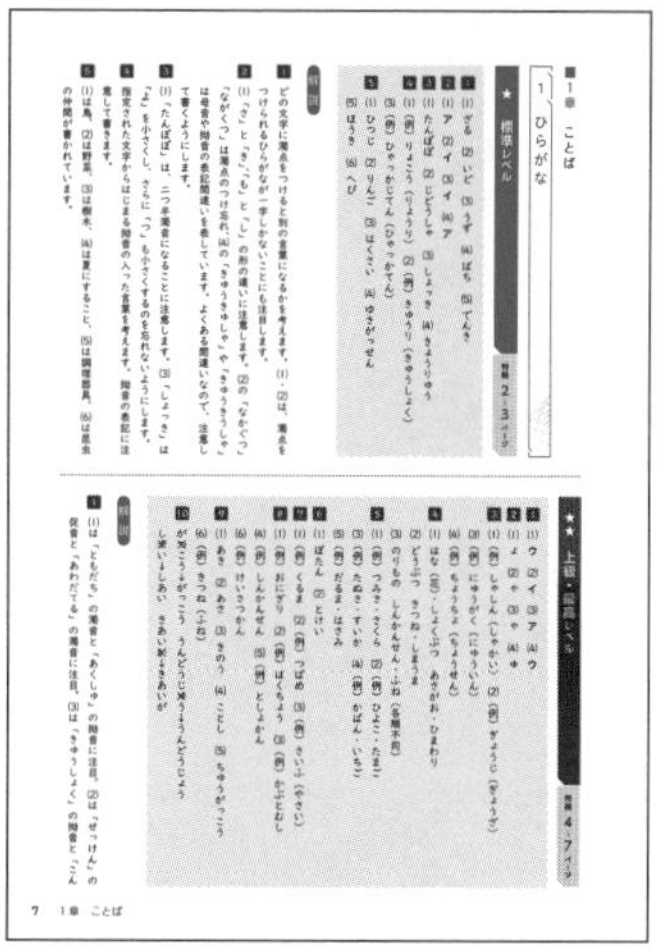

解答解説

編

これ以降のページは別冊問題編の解答解説です。問題を解いてからお読み下さい。

本書の解答解説は保護者向けとなっています。採点は保護者の方がして下さい。

満点の8割程度を習熟度の目安と考えて下さい。また、間違えた問題の解き直しをすると学力向上に効果的です。

「中学入試に役立つアドバイス」のコラムでは、類題を解く際に役立つ解き方のコツを紹介しています。お子様への指導に活用して下さい。

■1章 ことば

1 ひらがな

★ 標準レベル　問題 2〜3 ページ

1 (1) ざる (2) いど (3) うず (4) ばち (5) でんき

2 (1) **ア** (2) **イ** (3) **イ** (4) **ア**

3 (1) たんぽぽ (2) じどうしゃ (3) しょっき (4) きょうりゅう

4 (1) (例) りょこう (りょうり) (2) (例) きゅうり (きゅうしょく)
(3) (例) ひゃっかじてん (ひゃっかてん)

5 (1) ひつじ (2) りんご (3) はくさい (4) ゆきがっせん
(5) ほうき (6) へび

解説

1 どの文字に濁点をつけると別の言葉になるかを考えます。(1)・(2)は、濁点をつけられるひらがなが一字しかないことにも注目します。

2 (1)「さ」と「き」、「も」と「し」の形の違いに注意します。(2)の「なかぐつ」「ながくつ」は濁点のつけ忘れ、(4)の「きゅうきゅしゃ」や「きゅうききうしゃ」は母音や拗音の表記間違いを表しています。よくある間違いなので、注意して書くようにします。

3 (1)「たんぽぽ」は、二つ半濁音になることに注意します。(3)「しょっき」は「よ」を小さくし、さらに「つ」も小さくするのを忘れないようにします。

4 指定された文字からはじまる拗音の入った言葉を考えます。拗音の表記に注意して書きます。

5 (1)は鳥、(2)は野菜、(3)は樹木、(4)は夏にすること、(5)は調理器具、(6)は昆虫の仲間が書かれています。

★★ 上級・最高レベル　問題 4〜7 ページ

1 (1) **ウ** (2) **イ** (3) **ア** (4) **ウ**

2 (1) ょ (2) ゃ (3) ゃ (4) ゅ

3 (1) (例) しゃしん (しゃかい) (2) (例) ぎょうじ (ぎょうざ)
(3) (例) にゅうがく (にゅういん)
(4) (例) ちょうちょ (ちょうせん)

4 (1) はな (花)・しょくぶつ　あさがお・ひまわり
(2) どうぶつ　きつね・しまうま
(3) のりもの　しんかんせん・ふね (各順不同)

5 (1) (例) つみき・さくら (2) (例) ひよこ・たまご
(3) (例) たぬき・すいか (4) (例) かばん・いちご
(5) (例) だるま・はさみ

6 (1) ぼたん (2) とけい

7 (1) (例) くるま (2) (例) つばめ (3) (例) さいふ (やさい)

8 (1) (例) おにぎり (2) (例) はくちょう (3) (例) かぶとむし
(4) (例) しんかんせん (5) (例) としょかん
(6) (例) けいさつかん

9 (1) あき (2) あさ (3) きのう (4) ことし (5) ちゅうがっこう
(6) (例) きつね (ふね)

10 が~~つ~~こう→がっこう　うんどうじ~~ゆ~~う→うんどうじょう
し~~や~~い→しあい　きあい~~わ~~→きあいが

解説

1 (1)は「ともだち」の濁音と「あくしゅ」の拗音に注目。(2)は「せっけん」の促音と「あわだてる」の濁音に注目。(3)は「きゅうしょく」の拗音と「こんだて」の濁音に注目。(4)は「ひゃくえん」と「ちょきん」の拗音に注目します。

2 「や」「ゆ」「よ」それぞれの音をよく確認し、声に出しながらあてはめてみると判断しやすくなります。

3 頭の文字だけでなく、文字数も指定されていることに注意して、あてはまる言葉を考えます。

4 「花のなかま」「動物のなかま」「乗り物のなかま」の三種類に分けます。(1)・(2)・(3)の順は入れかわっていても正解です。

5 ひらがなを組み合わせて言葉を作る問題です。問いの文に「すべての 文字を つかって」とあるので、使った文字にしるしをつけるなどして、使い残しのないように注意します。

6 三つの文字をばらばらにして、順に入れかえてみて、別の言葉になるかどうか考えます。

7 真ん中に文字を入れる場合や、始めや終わりに文字を入れる場合が考えられるので、いろいろなひらがなをあてはめて考えます。

8 それぞれ指定の文字数に注意して仲間の言葉を探します。また、本来カタカナで表す言葉をひらがなで書いていても正解とします。(例) あなうんさー

9 (1) 四季が春—夏—秋—冬の順に並んでいます。(2) 朝—昼—夜の順で並んでいます。(3) 昨日—今日—明日の順で並んでいます。(4) 去年—今年—来年の順で並んでいます。(5) 上に高校とあり、下に小学校があるので、空欄には中学校が入るとわかります。(6) ねこ—こま—まくらは、しりとりの順で並んでいます。「ね」が語尾にある言葉が書けていれば正解とします。

10 拗音や促音、濁音の間違いに注意します。また、聞いた音から考えて「しあい」を「しやい」と書いてしまう場合があるので、正しい表記を覚えておきます。

---

2 カタカナ

★標準レベル

問題 8～9ページ

1 (1) 二 (2) 二 (3) 一 (4) 三 (5) 二 (6) 二 (7) 三

2 (1) ロケット (2) テレビ (3) スポンジ (4) クッキー (5) エプロン (6) ソファー

3 (1) サッカー (2) トラック (3) アメリカ (4) マフラー (5) オムライス

4 (1) ロボット (2) ソフトクリーム (3) ゲームセンター (4) ショベルカー (5) カスタネット (6) ランドセル (7) オーストラリア

解説

1 (1)「サ」は、横画を一画目に書き、赤の画は二画目となります。(2)「ヨ」の一画目は、折れて縦画を書くまでであることに注意します。(3) 赤の画は左から右に向かって書きます。右から左にはらわないように注意します。

2 (4)「くっきい」の最後の「い」は「イ」と書かずに「ー」に置きかえます。(6)「そふぁあ」は、初めの「ぁ」を「ァ」と小さく書き、次の「あ」を「ー」に置きかえることに注意します。

3 (1) スポーツの名前でも、カタカナで書くものと書かないものがあるので、注意します。(4)「まふらあ」の最後の「あ」の音は「ー」に置きかえます。

4 「ク」と「タ」、「ン」と「ソ」、など、形の似ている文字の書き間違えに注意します。また、「ッ」などの小さい文字が入る言葉は、表記の仕方に注意します。

★★ 上級・最高レベル

問題 10～13ページ

1 (1)ラ (2)ャ (3)(例)キ(コ・ト)
(4)ン (5)コレ・フ
(6)ョッ・セ (7)ゴー・ド (8)グル

2 (1)ニャンニャン (2)コケコッコー (3)ホーホケキョ
(4)ガーガー(ガアガア) (5)チュンチュン

3 (1)ガシャン (2)ゴロゴロ (3)ギコギコ (4)バタン

4 (1)ケーキ (2)ソース (3)ホームラン (4)ベンチ
(5)ボール

5 (1)プリンアラモード (2)アップルパイ
(3)ビーフシチュー (4)ミートスパゲティ
(5)チーズインハンバーグ

6 (1)イタリア
(2)ケチャップ・カレンダー
(3)メーメー(メエメエ)・トントン(各順不同)

7 フライパン・ハム・レタス・トマト(順不同)

8 こうえん・くだもの・すいとう・すべりだい(順不同)

解説

1 (3)「スキップ」「スコップ」「ストップ」「スナップ」など、言葉が成立すればどれも正解とします。(6)「ショッピング」の「ヨ」「ツ」を二字とも小さく書くことに注意します。(7)「メリーゴーラウンド」は、「メリーゴーランド」と表記することも多いことを知っておきましょう。

2 「ニャンニャン」「チュンチュン」など、拗音が入ったり、「コケコッコー」「ホーホケキョ」のように伸ばす音が入ったりする言葉も多いので、表記の仕方に注意します。

3 (1)窓ガラスが割れる音、(2)大きな岩が転がってくる音、(3)のこぎりで木の板を切る音、(4)扉が閉まる音を、それぞれカタカナで表記します。石が転がる音は、大きい石なら「ゴロゴロ」、小さい石なら「コロコロ」と表します。また、扉が閉まる音は、勢いよく閉まる場合は「バタン」、軽く閉まる場合は「パタン」と表すことも確認しておきます。

4 外国からきたものの名前は、カタカナで書きます。普段から、いろいろなものを見て、さまざまな言葉に触れて、どんなものをカタカナで書くのか、感覚を身につけておくようにします。

5 (3)「シチュー」は「チュ」で終わらず、「ー」を忘れずに書きます。

6 「イタリア」は外国の名前です。普段から、いろいろな国の名前に触れておきましょう。

7 「ハム」「レタス」「トマト」のように、食べ物の名前には、カタカナで書くものが多くあります。

8 「こうえん」をひらがなで書くときは、「こおえん」と書かずに「こうえん」と書きます。「バナナ」や「メロン」など、果物の名前はカタカナで書くことが多いですが、「果物」自体は「クダモノ」とは書かないので注意します。「リュック」「ジュース」は外国からきた言葉なので、カタカナのままで正解です。

中学入試に役立つアドバイス

カタカナで書く言葉

次の言葉は、おもにカタカナで書きます。

①**外国からきた言葉**(例 プリン)
②**鳴き声や物音**(例 ワンワン)
③**外国人の名前**(例 ナポレオン)
④**外国の地名**(例 ブラジル)

3 漢字（よみ・かき・ひつじゅん）

★ 標準レベル

問題 14～15ページ

1 (1) 三 (2) 三 (3) 二 (4) 一 (5) 一 (6) 三

2 (1) おう (2) てん (3) むら (4) ちから (5) かい

3 (1) 目 (2) 手 (3) 耳 (4) 足 (5) 上 (6) 右 (7) 左 (8) 下

4 (1) 雨 (2) 土 (3) 名 (4) 花 (5) 町 (6) 夕 (7) 糸 (8) 車

解説

1 (1)「水」の左側の「フ」は一画で書きますが、右側の「く」は二画で書くことに注意しましょう。(6)「女」の横画は一画目に書かず、三画目に書きます。「女」の筆順は、「くノ一（くのいち）」と覚えましょう。

2 (1)「王」の読みは「おお」と書かずに「おう」と書くことに注意します。(4)「力」と「刀」は形がよく似ているので、見間違えて読まないように注意します。

3 漢字を覚えるときには、「からだに関する漢字」「方向を表す漢字」「曜日を表す漢字」などと、仲間ごとにまとめて学習すると覚えやすいです。(1)の「目」や(2)の「手」、(3)の「耳」などは、横画の線の数を間違えやすいので、正確に覚えるようにします。(6)の「右」は縦のはらいを一画目に書き、(7)の「左」は横画を一画目に書きます。形はよく似ていますが、筆順が異なることに注意します。

4 (1)「雨」は、天から雨が降ってくる様子を形に表した漢字です。漢字を学ぶときには、成り立ちや意味も知ることで、覚えやすくなります。

★★ 上級・最高レベル

問題 16～19ページ

1 (1) イ (2) イ (3) イ (4) ア (5) ア (6) イ (7) イ (8) ア

2 (1) ろくねんせい (2) こいぬ (3) あおぞら (4) けんがく (5) さゆう (6) いとぐるま (7) でぐち

3 (1) 六・百・四 (2) 月・水・日 (3) 赤・青・白 (4) 犬・貝・虫（各順不同）

4 (1) 大→犬 (2) 右→石 (3) 人→入 (4) 早→草 (5) 字→学

5 (1) 校 (2) 音 (3) 字 (4) 男 (5) 名 (6) 貝

6 (1) 雨水・あまみず（うすい） (2) 森林・しんりん (3) 先生・せんせい (4) 青年・せいねん (5) 天気・てんき (6) 見本・みほん

7 ① ついたち ② おしょうがつ ③ ひので ④ ひゃくえんだま ⑤ おとしだま

8 目→見　気→木　百→白　山→出（順不同）

解説

1 (1)「竹」は六画、「林」は八画。(2)「水」は四画、「生」は五画。(3)「玉」は五画、「気」は六画。(4)「見」は七画、「休」は六画。(5)「左」は五画、「五」は四画。(6)「耳」は六画、「車」は七画。(7)「女」は三画、「手」は四画。(8)「田」は五画、「六」は四画です。

2 (5)「左右」は「ひだりみぎ」とは読まず、「さゆう」と読むことに注意します。

3 (1)「百」は「一」の下に「白」を書きます。「ノ」を忘れずに書くことと、「目」ではなく「日」であることに注意します。(3)「青」の下の「月」の部分の初めの縦画は、「月」と違ってはらわず書くことを覚えておきましょう。

4 (1)「犬」の点を忘れず書くように注意します。(2)「石」と「右」はよく似ているので注意が必要です。(3)「人」と「入」は、形がよく似ているので、書き間違えないように注意します。⑷「草」の「くさかんむり」を忘れずに書きましょう。⑸「学」の上の点を書く向きに注意します。

5 漢字の部分によって、左右に組み合わせるものと、上下に組み合わせるものとがあるので、それぞれの形に注意して考えます。⑴の「木」は、「きへん」になると、右側ははらわず止めることに注意します。

6 ⑴「雨水」は、「あめ＋みず」と組み合わせることで、「あまみず」と、読む音が変化していることに注意します。

7 ①「一日」は、この場合「いちにち」と読まずに「ついたち」と読みます。ほかにも「二日」は「ふつか」、「八日」は「ようか」、「二十日」は「はつか」など、日づけの読み方はまとめて覚えておくようにします。

8 「気」と「木」のように、同じ読み方を持つ漢字がたくさんあるので、それぞれの漢字の意味を考えて、どの漢字を使うのかを判断します。

中学入試に役立つアドバイス

漢字の成り立ち

①**象形《しょうけい》文字**→ものの形をもとにしてできた漢字。
例 山・川・木

②**指事《しじ》文字**→形がないものを点や線などの組み合わせで表した漢字。
例 上・下・本

③**会意《かいい》文字**→二つ以上の漢字を組み合わせてできた漢字。
例 音・男・名

④**形声《けいせい》文字**→意味を表す部分と音を表す部分を組み合わせた漢字。
例 花・草・校

復習テスト①

問題 20～21ページ

1 ⑴ **ア** ⑵ **イ** ⑶ **ア**

2 ⑴ エジソン・カナダ ⑵ ドーナツ・ソーセージ
⑶ ジャージャー・チューチュー（チュウチュウ）（各順不同）

3 ⑴ 休む ⑵ 入る ⑶ 正しい ⑷ 学ぶ
⑸ 下る ⑹ 空く ⑺ 生える ⑻ 上がる

4 おうきい→おおきい リソゴ→リンゴ
人って→入って アツプルパイ→アップルパイ（順不同）

解説

1 形の似たひらがなを間違えないようにします。⑴は「つ」と促音「っ」を、⑵は「ら」と「ろ」を、⑶は「は」と「ほ」を、それぞれ区別する力が必要です。

2 ひらがなからカタカナに直すときには、「ー」の置きかえに注意します。また、「エジソン」など有名な外国人や、「カナダ」など有名な外国の名前は覚えておくようにします。

3 送り仮名のつく漢字は、どこから送るのかを正確に覚えて書けるようにします。特に⑸の「下る」、⑻の「上がる」は注意が必要です。「くだる」と読むときは「下る」、「さがる」と読むときは「下がる」と書きます。また、「あがる」と読むときは「上がる」、「のぼる」と読むときは「上る」と書きます。

4 「大きい」は、「おうきい」ではなく「おおきい」と書きます。カタカナの「ン」と「ソ」や、漢字の「人」と「入」は、形がよく似ているので、区別して書けるように注意します。「アツプルパイ」の「ツ」を小さく書くのを忘れないようにします。

4 ひらがなの　つかいわけ

★ 標準レベル

問題 22〜23ページ

1 (1)**イ** (2)**ア** (3)**ア** (4)**イ**

2 (1)お・を (2)お・お

3 (1)え・へ・え (2)え・へ

4 (1)おおどおり (2)とけい (3)どうぶつえん (4)おうじさま (5)せいかつ (6)かんづめ (7)じめん

5 (1)**ア** (2)**イ** (3)**ア** (4)**ア** (5)**イ** (6)**ア** (7)**イ**

解説

1 (1)(2)「オー」の音で伸ばす場合、多くは「う」と表記します。「こおり」や「おおかみ」のように、「お」と表記するものを覚えておくようにしましょう。(3)「ちかづく」は「ちかく」＋「つく」で「ちかづく」のように言葉の意味を考えると、表記も判断しやすくなります。

2 「おにぎり」「おんがく」のように、言葉の頭につくときは「お」を使うと覚えておきましょう。

3 方向などを表す「へ」は、「エ」の音で読みます。

4 (2)の「とけい」や(5)の「せいかつ」のように、「エー」の音で伸ばす場合、多くは「い」と書きます。(6)の「かんづめ」は「かん」＋「つめ(る)」で「かんづめ」のように分解して考えるとわかりやすいです。

5 (1)は「たいよお→たいよう」、(2)は「せんせえ→せんせい」、(3)は「ぢしん→じしん」、(4)は「いもおと→いもうと」、(5)は「こうり→こおり」、(6)は「すいええ→すいえい」、(7)は「びょおいん→びょういん」の部分のかなづかいに注目して正しいほうを選びましょう。

★★ 上級・最高レベル

問題 24〜27ページ

1 (1)わ・は・は (2)は・わ (3)わ・は・は (4)は・は・は (5)わ・は (6)わ・は・わ

2 (1)みかづき (2)ちず (3)せんべい (4)しんごう (5)おじいさん（おとしより）

3 (1)は・へ (2)を (3)を (4)へ (5)は・を (6)へ・を (7)を

4 (1)みそ~~ず~~け↓みそづけ (2)こんばん~~わ~~↓こんばんは (3)よ~~お~~やく↓ようやく (4)は~~づ~~かしい↓はずかしい (5)はな~~じ~~↓はなぢ

5 (1)お (2)お (3)う (4)う (5)お (6)う (7)お (8)う (9)お (10)お

6 (1)**ウ** (2)**イ** (3)**ア** (4)**ア** (5)**ウ**

7 (1)おとうさんはかいものへいきました。(2)いもうとはえほんをかたづける。(3)おかあさんはせんたくものをほす。(4)ようちえんへおとうとをむかえにいく。(5)ぼくははこをあけておかしをえらぶ。

8 きの~~お~~↓きのう　ぼく~~わ~~↓ぼくは　おおど~~う~~り↓おおどおり　むか~~い~~↓むかえ

解説

1 言葉と言葉をつなぐときには「は」を使って「ワ」の音で読みますが、言葉の一部である「わ」と「は」は、基本的に音の違いで判断します。

2 (1)(2)「ズ」の音を表す場合、「ず」と表記するものと、「づ」と表記するものの両方があります。「ちず」「ゆびずもう」などは「ず」と表し、「みかづき」や「かなづち」などは「づ」と表します。

3 「は」は、上の言葉を下で「説明する」場合、「を」は、上の言葉を「どうするのか」について表す場合に使うことが多いです。「へ」は、上の言葉が「場所」を表している場合が多いので、これらをヒントにどれを入れると文として成り立つかを判断しましょう。

4 (1)の「みそづけ」は「みそ＋つける」なので、「みそづけ」と表記します。(2)の「こんばんは」は「今晩は涼しいですね」などの挨拶からきているので、「こんばんは」と表記します。(5)の「はなぢ」は「はな＋ち」なので、「はなぢ」と表記します。

5 伸ばす音の「う」と「お」の判断は難しいので、「お」と表記する代表的な言葉は覚えておくようにしましょう。(7)「とおく」は「遠い」、(10)「おおきさ」は「大きい」という言葉がもとになっています。

6 (1)の「おとうと」と「ぼうし」のように、一文の中に、かなづかいを確認すべき箇所がそれぞれ二つずつあるので注意しましょう。(5)「おおぞら」は「大きい＋空」なので、「おおぞら」と表記します。

7 「は」「を」「へ」のそれぞれの働きに注意し、どれを使って言葉と言葉をつなぐとよいか考えましょう。

8 「きのう」や「おおどおり」のような伸ばす音のかなづかいだけでなく、「ぼくは」の「は」など、「は・を・へ」の使い方にも間違いがないかどうか確認するようにしましょう。

中学入試に役立つアドバイス

伸ばす音を「お」と表すおもな言葉

「とおくの　おおきな　こおりの　上を　おおくの　おおかみが　とお(十)　とおる」と覚えましょう。

5 にた いみの ことば・はんたいの いみの ことば

問題 28～29ページ

★標準レベル

1 (1) ア (2) イ (3) ア (4) ア

2 (1) ながい (2) ふかい (3) かう (4) おそい (5) かたい (6) あがる

3 (1) がくしゅう (2) みらい (3) たいせつ (4) わらう (5) はなす (6) 元気づける

4 (1) かつ (2) あかるい (3) よわい (4) ふるい (5) しめる (6) かるい

解説

1 (1)「おおい」と「おおきい」を読み間違えないように注意しましょう。「おおきい」の反対は「ちいさい」です。(2)「つよい」の反対は「よわい」、(3)「ちかい」の反対は「とおい」、(4)「とまる」の反対は「うごく」です。

2 (6)「さがる」の反対は「あがる」ですが、「さげる」であれば「あげる」となります。ちょっとした表現の違いにも注意しましょう。

3 (3)「だいじ」「たいせつ」のほかに、「じゅうよう」なども似た意味です。(4)「ほほえむ」は「笑う」ことを表現した言葉の一つで、ほかにも「にこりとする」「ほくそ笑む」など、さまざまな表現があります。

4 (5)「あける」の反対は「しめる」ですが、「ひらく」であれば、反対は「とじる」となることもあわせて確認しておきましょう。また、(2)「くらい」と「あかるい」なら「明暗（めいあん）」、(3)「つよい」と「よわい」なら「強弱（きょうじゃく）」、(5)「あける」と「しめる」なら「開閉（かいへい）」のように、反対の意味の言葉を組み合わせた言葉があることも知っておきましょう。

1 (1) ア ひくい　イ やすい　(2) ア はく　イ きる
(3) ア うすい　イ つめたい

2 (1) おしえる　(2) まげる　(3) さびしい　(4) おかね
(5) じゅんび　(6) やくそく　(7) いきおい

3 (1) 左　(2) 小さい　(3) 出る　(4) 下る（下りる・降りる）
(5) 立つ　(6) 中（内）　(7) 上

4 (1) ○　(2) ×　(3) ○　(4) ×　(5) ×
(6) ○　(7) ×　(8) ×　(9) ○　(10) ×

5 (1) こころ　(2) ゆかい　(3) しんせつ
(4) かける　(5) がまん　(6) しんぱい

6 (1) こわい　(2) あげる　(3) さいしょ
(4) きょうみ　(5) とても　(6) れんしゅう

7 (1) ちかい　(2) みじかい　(3) かるい　(4) よい（いい）

8 (1)（例）わたしはかたいせんべいをたべる。
(2)（例）ぼくはおきるのがおそい。
(3)（例）ははがほそい糸でぬいものをする。
(4)（例）わたしはともだちに本をかす。

解説

1 (1) 同じ「たかい」でも、「高さ」を表す場合の反対語は「低い」、「値段」を表す場合の反対語は「安い」となります。(2) 身につけるものによって、「ぬぐ」の反対語が異なるので注意して覚えましょう。くつの場合は「履く」、洋服の場合は「着る」、帽子の場合は「かぶる」となります。(3)「あつい」は、「厚い」なら反対語は「薄い」、「熱い」なら反対語は「冷たい」、「暑い」なら反対語は「寒い」となります。

2 どの言葉とどの言葉が似た意味を表しているのか、それぞれの言葉の意味を考え、合わないものを選びましょう。

3 この問題は、漢字を使って答えることに注意しましょう。(4)「下（くだ）る」のほかに、「下（お）りる」などでも正解です。(6)「内」でも正解です。

4 (2)「つよい」の反対は「よわい」、「かたい」の反対は「やわらかい」。(4)「つめたい」の反対は「あつい」、「すずしい」の反対は「あたたかい」。(5)「あまい」の反対は「からい」もしくは「しょっぱい」、「うすい」の反対は「あつい」、(7)「おもい」の反対は「かるい」、「ちいさい」の反対は「おおきい」、(8)「ふかい」の反対は「あさい」、「ひくい」の反対は「たかい」、(10)「ゆるい」の反対は「きつい」もしくは「かたい」です。「たかい」の反対は「高さ」を表す場合は「ひくい」、値段を表す場合は「やすい」です。

5 (5)「しんぼう」とは、「つらいことをじっと耐えること」で、似た意味の言葉は「がまん」です。

6 (2)「やる」と似た意味の言葉として、「あげる」のほかに「あたえる」などもありますが、この問題では文字数が三文字のため「あげる」と答えましょう。(4)「かんしん（関心）がある」とは、ある事柄に心が引かれているということで、「きょうみがある」と似た意味を表しています。(5)「ひじょうに」に似た意味の言葉として、「とても」のほかに「すごく」があります。「すごく」は「とても」よりややくだけた言い方になります。

7 (4)「わるい」の反対は書き言葉では「よい」です。「天気のわるい日」→「天気のよい日」のように、反対語に入れかえても意味が通ることも確認しましょう。

8 (1)「やわらかい」の反対は「かたい」です。(2)「はやい」の反対は「おそい」です。(3)「ふとい」の反対は「ほそい」です。(4)「かりる」の反対は「かす」です。

6 たぎご・むずかしい ことばの いみ

★ 標準レベル

問題 34～35ページ

1 (1) きく (2) たつ

2 (1) ア日 イ火 (2) ア虫 イ中 (3) ア九 イ休

3 (1) かける (2) かえる（つく） (3) つく
(4) かえる (5) かける（かえる） (6) つく

4 (1) かく (2) さめる (3) ひく
(4) ひく (5) さめる (6) かく

解説

1 (1)「音楽を聴く」という意味の「きく」と、「薬の効き目がある」という意味での「きく」があります。(2)「役に立つ」は、「(好ましい形で) 成り立つ」という意味で「立つ」を使った表現です。「立つ」「建つ」のほかに「経《た》つ」「断つ」などの意味の「たつ」もあるので、どのような使い方があるか、あわせて確認しておきましょう。

2 同じ読みで意味の異なる漢字がたくさんあるので、それぞれの意味を考えて、正しく使い分けができるようにしましょう。

3 (1)の「でんわ」、(5)の「かぎ」以外にも、「茶わんが欠ける」「野原を駆ける」など、さまざまな意味の「かける」があります。(2)の「いえに」(3)の「もち」、(6)の「ためいき」以外にも、「おまけが付く」など、さまざまな意味の「つく」があります。ほかの意味の言葉も、あわせて確認しておきましょう。

4 (1)の「字をかく」以外に、(6)の「あせ」や、「いびき」のときにも「かく」を使います。(2)の「目がさめる」とは別に、温度が下がるという意味で、(5)の「スープがさめる」のように使います。(3)「ピアノをひく」、(4)「かぜをひく」以外に、「つなをひく」「くじをひく」などの使い方もあります。

★★ 上級・最高レベル

問題 36～39ページ

1 (1) ア犬 イ見 (2) ア千 イ先
(3) ア早 イ草

2 (1) はし (2) あめ (3) やく

3 (1) ビルが (2) こおりに (3) テストを (4) 子どもが

4 (1) ①ウ ②イ ③ア (2) ①イ ②ウ ③ア

5 (1) きる (2) とける (3) さす
(4) はねる (5) あたる (6) かう

6 (1) ①ウ ②イ ③ア (2) ①イ ②ア ③ウ

7 (1) ①イ ②ア (2) ①イ ②ア ③ウ

8 (1) たいちょう (2) せいかく (3) きじ

解説

1 (1)「秋田けん（秋田いぬ）」は犬の種類であることから「犬」、「けんがく」とは見て学ぶという意味であることから「見」というように、それぞれの言葉の意味を考え、どの漢字があてはまるか判断します。(3)「そうたい(早退)」とは、早く帰ることです。

2 (1) アは、食事の時に使う「箸」、イは、川を渡る「橋」があてはまります。(2) アは、降る「雨」、イは、お菓子の「飴」があてはまります。(3) アは、劇の役割としての「役」、イは、動作の「焼く」があてはまります。

3 (1)「ビルがおちる」とは言いません。(2)「氷にうかぶ」とは言いません。「目にうかぶ」はある様子を想像できるという意味です。(3)「すもうをとる」「しゃしんをとる」と言いますが、「テストをとる」とは言いません。「テスト」という語に関連して「とる」を使うなら、「テストで百点をとる」のようになります。(4)「医者になる」「チャイムがなる」と言いますが、「子どもがなる」とは言いません。「子ども」という語に関連して「なる」を使うなら、「子どもが大人になる」のように表現します。

4 同じ「ひく」、「とる」でも、それぞれの**ア**～**ウ**のように、さまざまな意味があります。(1)「つなを　ひっぱる」「くじを　えらびとる」のように、それぞれの意味をあてはめながら考えましょう。

5 (1)シャツは「着る」、はさみは「切る」、(2)なぞは「解ける」、こおりは「溶ける」、(3)はりは「刺す」、目薬は「差す」が一般的です。(4)どろは「撥ねる（跳ねる）」、うさぎは「跳ねる」、(5)日光は「当たる（受ける）」、抽選は「当たる（当選する）」、(6)ペットは「飼う」、商品は「買う」が合います。

6 (1)天ぷらは「揚げる」、右手は「挙げる（上げる）」と書きます。(2)目は「覚める」、コーヒーは「冷める」と書きます。

7 (1)①は、家に「戻る」という意味、②は、新しいものに「交換する」という意味、(2)①は、物をかごに「移動させる」という意味、②は、スクリーンに「映し出す」という意味、③は、ノートに「書き写す」という意味です。

8 (1)は「体調」、「隊長」、(2)は「正確」、「性格」、(3)は「記事」、「生地」の意味をそれぞれ説明しています。

中学入試に役立つアドバイス

多義語とは

二つ以上の意味をもつ言葉のこと。

同じ言葉でも使われている文脈によって意味が変わるので、どのような意味で使われているのかを考えましょう。

復習テスト②

問題 40～41ページ

1 (1)**ア** (2)**イ** (3)**イ** (4)**ア**

2 (1)おとうさんはかいしゃへいきます。
(2)おとうとはおもちゃをかたづける。
(3)えきへおばあちゃんをむかえにいく。
(4)ぼくは手をあげてこたえをいう。

3 (1)あかるい (2)あんぜん (3)あんしん (4)さんせい

4 (1)こうてい (2)じしん (3)かんそう

解説

1 (1)「とおく」も「おおかみ」も、伸ばす音を「お」と書きます。(2)カタカナの長音はひらがなとは異なり、基本的に「ー」（長音記号）で表します。「ろうそく」の伸ばす音は「う」と書くことにも注意しましょう。

2 人物を指す語のあとには「は」がつくことが多いですが、(3)の「おばあちゃんを」のように、目的語として「を」でつなぐ場合もあることに注意しましょう。(1)の「かいしゃ」や(3)の「えき」のように、場所を表す言葉のあとには「へ」がつくことが多いです。

3 (1)「くらい」の反対は「あかるい」、(2)「きけん」の反対は「あんぜん」、(3)「しんぱい」の反対は「あんしん」、(4)「はんたい」の反対は「さんせい」です。「きけん」や「しんぱい」など、熟語になると、反対語がわかりにくくなるものもありますが、セットで覚えておくようにしましょう。

4 (1)の一つ目は「工程」、二つ目は「校庭」、(2)の一つ目は「自信」、二つ目は「地震」、(3)の一つ目は「乾燥」、二つ目は「感想」の意味の説明が書かれています。

7 、。「」の つかいかた

★標準レベル 問題42～43ページ

1 (1)(順に)、。 (2)(順に)。。

2 (1)イ (2)イ (3)ア

3 (1)ア (2)イ (3)ア

4 (1)○ (2)× (3)○ (4)○ (5)×

解説

3 発言以外に「 」(かぎかっこ)がついているものはあやまりです。

★★上級・最高レベル 問題44～47ページ

1 (1)花が たくさん さいて いる。なんという 名前の 花だろう。あとで しらべて みよう。

(2)雨が ふった あと、校庭に 水たまりが できたので、きょうしつで あそびました。

(3)ゆめを 見ました。空を とぶ ゆめです。まるで とりに なった 気分でした。

(4)おかあさんが つくって くれた カレーは、とても おいしかったです。おとうさんは 二はいも おかわりしました。すごいなあ。

2 (1)きのうの よる、ぼくは ゆめを 見た。

(2)ろうかが ぬれて いるから、はしると あぶないよ。

(3)犬を つれた おじいさんが、わたしに あいさつを しました。

(4)おにいさんは いつでも やさしいので、みんなに すかれて います。

(5)とつぜんですが、あなたに ききたい ことが あります。

(6)いつの 日か、富士山に のぼりたいな。

3 (1)先生が ぼくたちに「やあ、おはよう。」と いいました。

(2)「今日は とても たのしかったね。」 そう いって、おねえさんは ほほえみました。

(3)でんわに 出ると「もしもし、山本です。田中さんですか。」と いう こえが きこえた。

(4)おじさんに「きみは いくつですか。」と きかれたので、「六つです。」と こたえました。

(5)わたしは いいました。「がんばれば、いい ことが あるよ。」 おにいさんは うなずいて「そうだね。」と いいました。

4 (1)さって いく ともだちに 手を ふって、わたしは さけびました。「また あおうね。」

(2)ぼくは せきを 立ち、「先生、しつもんが あります。いいですか。」と たずねました。「もちろん。」と 先生が いいました。

(3)おばさんは「きて くれて ありがとうね。あえて うれしかった。こんどは 車で おでかけ しようね。」と いいました。

(4)「こんばんは。あわない うちに 大きく なったね。」と わたしの おかあさんが いうと、いとこの みのるくんは わらって いました。「一年ぶり だからね。」

5 (1)ああ、いったい どういう ことなんだ。ぼくの 自転車が ない。

(2)「よく がんばったね、すごいよ。」と、先生は あかるい えがおで、ぼくに いいました。

(3)今日は、たのしみに して いた まつりの 日。わたしは ゆかたを きて、かぞくの みんなと でかけました。

(4) さわやかな　空気が　ここちよい、日曜日の　あさでした。みどりが　とても　きれいです。キャンプに　きて　よかった、と　わたしは　おもいました。

6

(1) ぼくのいちばんのともだちが　来年ひっこすときき、とてもおどろきました。

(2) おとうさんは「あきらめないことが大切だよ。」とわたしにいいました。

7

(1)「あんまりやりたくないなあ。」
「わたしがおにになったら、見のがしてあげる。」

「さあ、みんな。がんばろう。」（順不同）

(2)（一行目）今日は　たいいくの　じかんに、おにあそびを　しました。

(3) みかちゃんは　クラスで　いちばん　足が　はやくて、なわとびも　とくいです。

解説

2 (1)「よる」が直後の「ぼくは」を修飾しないことをわかりやすくするために、読点を打ちます。(2) 理由を表す「ろうかが　ぬれているから」のあとに読点を打ちます。(3)「犬を　つれた　おじいさんが」が長いので、直後に読点を打ちます。(4) 原因と結果の関係をわかりやすくするために、「やさしいので」のあとに読点を打ちます。(5) 話題の転換をわかりやすくするために、「とつぜんですが」のあとに読点を打ちます。

5 (1) 感動詞「ああ」のあとに読点を打ちます。(3) 体言止めの一文とするため、「まつりの　日」のあとに句点を打ちます。

6 (2) 会話文のはじまりである「あきらめない」の直前に「を移動します。

---

8 文節と　たんご

★標準レベル

問題48〜49ページ

1

(1) 今日、わたしは　学校に　いきました。

(2) よく　はれた　空が、とても　きれいです。

(3) とおくに　見えて　いる、赤い　やねの　たてものが、としょかんです。

2

(1) ぼくは　いもうとに　手を　ふりました。

(2) 正午に　とけいの　ベルが　なります。

(3) ひかりが　カーテンごしに　ふりそそぎます。

(4) ゆっくりと　休んで、元気が　出ました。

(5) こんなに　やさしい　人に　あえるなんて、わたしは　本当に　しあわせです。

(6) おとうとは　おじさんと　出かけて　いて、ここには　いません。

3 (1) パンを　(2) よむ　(3) こないだろうと　(4) 早いです

4 (1) **イ**　(2) **ウ**　(3) **エ**　(4) **オ**　(5) **ア**

解説

1 (3)「とおくに　見えて　いる」「赤い　やねの」は修飾語です。主語の「たてものが」と結びついている、「何だ」にあたる文節を探します。

2 (5) 述語の「しあわせです」と結びついている、「だれが」にあたる文節を探します。(6) 述語の「いません」と結びついている、「だれが」にあたる文節を探します。

3 (3)「たぶん」は呼応の副詞です。「たぶん」に結びついている「〜だろう」の意味を含む文節を探します。

★★ 上級・最高レベル

問題 50〜53ページ

1 (1) ごはんが (2) きたと (3) つきません

2 (1) わたしの たからものは、おばあさんに もらった マフラーです。

(2) 「そとから かえったら、かならず 手を あらいなさい。」と おじさんが いいました。

(3) こんやは ずっと つづく 雨の せいで、ほしが 見えません。

(4) わたしも おとうさんや おかあさんのような、りっぱな 大人に なりたいです。

(5) さいごまで くじけずに、よく がんばりましたね、みなさんは。

3 (1) **ア** (2) **ウ** (3) **イ** (4) **ア** (5) **イ**

4 (1) **エ** (2) **ア** (3) **ウ** (4) **オ** (5) **イ**

5 (1) **ア** (2) **ウ** (3) **イ** (4) **エ**

6 (1) **ウ→ア→イ** (2) **イ→ウ→ア**

7 (1) A**ウ** B**イ** C**ア**

(2) います

(3) すべって ころんだら とても あぶないので

解説

1 (3) 「けっして」は呼応の副詞です。「けっして」に結びついている「〜ない」の意味をふくむ文節を探します。

2 (1) 文末の「マフラーです」が述語です。「なにが」にあたる主語を探します。

(3) 文末の「見えません」が述語です。「なにが」にあたる主語を探します。

(5) 倒置の文になっています。ふつうの文の形に戻して考えます。

3 (5) 「大事です」は「大事な」という様子を表す言葉に言いかえられるため、「どんなだ」を表す述語であると判断します。

4 (1) 「〜でしょう」と呼応する副詞「きっと」を選びます。(2) 「〜のような(だ)」と呼応する副詞「まるで」を選びます。(3) 「〜ても」と呼応する副詞「たとえ」を選びます。(4) 「〜か」と呼応する副詞「どうして」を選びます。

(5) 「〜ください」と呼応する副詞「どうか」を選びます。

7 (1) A「小さな 雨つぶ」「ふって きました」という描写にふさわしい表現を選びます。B「しずかに」「ふる 雨」という描写にふさわしい表現を選びます。C「雨が きゅうに つよく なりました」という描写にふさわしい表現を選びます。

(3) まず、ひとまとめになる部分をつくりましょう。「すべって ころんだら あぶないので」となります。次に、「とても」がどの言葉を修飾するかを考えます。

中学入試に役立つアドバイス

主語・述語の見つけ方

○ふつうの文では述語が文末にくるため、見つけやすい「述語を先に」確認しましょう。

○主語は「〜が（は）」の形で述語と対応するので、主語らしき文節を見つけたら、「〜が（は）」に言いかえて確かめてみましょう。

修飾のルール

○ふつうの文では、修飾される文節は、必ず後ろの部分から探しましょう。

○呼応の副詞は、あとの文節と関係しあいます。日常の会話や文章を読むことを通じて、呼応の副詞のパターンを覚えていくようにしましょう。

9 ていねいな いいかた

★ 標準レベル

問題 54～55ページ

1 (1) お (2) お (3) ご

2 (1) **ア** (2) **イ** (3) **イ** (4) **イ** (5) **ア**

3 (1) × (2) ○ (3) ○ (4) × (5) ○ (6) ×

4 (1) たべます (2) ひろいます (3) します (4) 入りました (5) 小学生です (6) 雨でした

解説

2 (3) カタカナの言葉には「お（ご）」をつけないことに注意します。

3 (1)「ありがとう」には「です」ではなく「ございます」をつけます。(2)「さむい」をていねいな言い方にするには「です」をつけます。(3)「いない」をていねいな言い方にするには「いません」にかえます。「いないです」という言い方も使われます。(4)「おはよう」は「ございます」をつける場合がありますが、「こんばんは」や「こんにちは」には「ございます」をつけません。(5)「○○して」をていねいに言う場合は、「お○○」＋「ください」のように「ください」を使うことがあります。(6)「先生」自体が敬称にあたるので、「先生」には「さま」をつけないことに注意します。

4 (2)「ひろう」を「ひろい」にかえて、「ます」をつけます。(3)「する」を「勉強する」などに置きかえて、「勉強します」とていねいな言い方に直して考えるとわかりやすいです。(4)「入っ」を「入り」にかえて、「た」を過去を表す「ました」にかえます。(5) 名詞の下につく「だ」は「です」にかえます。(6) 過去を表す「だった」は「でした」にかえます。

★★ 上級・最高レベル

問題 56～59ページ

1 (順に) (1) お お (2) お ご (3) お ご (4) ご お (5) ご お

2 (1) ○ (2) × (3) ○ (4) × (5) ○

3 (1) おたまごの (2) ごしなものを (3) おごはんと (4) ごわかく (5) ご山に

4 (1) お金の入ったふくろがあります（ございます）。(2) おさらがゆかにおちてわれました。(3) きのうはいい（お）天気でした。(4) おかしとジュースをかいましょう。(5) それは先生のものではありません（ございません・ないです）。

5 (1) 正しいのか (2) いうね (3) 入ろう (4) あきらめない (5) くれなかった

6 (1) いけません (2) あるのでしょうか (3) だれですか（どなたですか） (4) きませんでした（いらっしゃいませんでした） (5) 見てください（ごらんください）

7 (1) 三 (2) 入れましたが、うまくいきません。(3) **ア** (4) **イ**

解説

2 (2)「かたづけ」には「お」をつけます。(4)「ゆっくり」には「ご」をつけます。(5)「おきれい」「おようふく」は誤りではありません。

3 (3)「ごはん」には「ご」がついているので、さらに「お」をつけないことに注意します。「お」「ご」をつける場合、つけない場合の明確なきまりはありません。日頃からたくさんの文章に触れ、会話や耳にする言葉などを注意深く意識することで、言葉のきまりを覚えていくようにします。

4 (1)「金」に「お」をつけ、「ある」を「あります」などにかえます。(2)「さら」に「お」をつけ、「われた」を「われました」にかえます。(3)「天気」に「お」をつけ、「だった」を「でした」にかえます。(4)「かし」に「お」をつけ、「かおう」を「かいましょう」にかえます。(5)「ない」を「ありません」などにかえます。

6 (3)「だれだ」とたずねているので、「だ」を「ですか」にかえます。(4)「こない」を「きません」にかえて、過去を表すていねいな言い方の「でした」をつけます。

7 (1)「うち」「ひっこし」「手つだい」には「お」をつけることができます。(2)「入れたが」を「入れましたが」に、「いかない」を「いきません」にかえます。(3)「エリナちゃんの　おにいさん」から「わたし」への言葉です。あとの発言と言い方をそろえて、ふつうの言い方が適当です。(4)直後に「わたしは　ていねいに　こたえてから」とあるので、ていねいな言い方を選びます。

中学入試に役立つアドバイス

「お」または「ご」のつけ方

基本的には、和語（訓読み）には「お」、漢語（音読み）には「ご」をつけます。ただし、「ごもっとも」「お電話」などの例外もあるため、そのつど覚えていきましょう。

復習テスト③

問題60～61ページ

1 (1)ぼくの　すきな　ポテトが、おべんとうに　はいって　いました。
(2)「今日は　しゅくだいが　おわったので、早く　ねるよ。」と、わたしは　いいました。

2 (1)おにいさんの　だいすきな　サッカーは、十一人で　する　スポーツです。
(2)「夕ごはんは　ハンバーグに　するわよ。」と　おかあさんが　いいました。
(3)ふだんは　人で　いっぱいの　おみせが、いまは　とても　しずかです。
(4)わたしも　大きく　なったら、いろんな　ところに　いきたいです。
(5)やっと　とどきました、ぼくたちの　ずっと　よみたかった　本が。

3 (1)**オ**　(2)**イ**　(3)**エ**　(4)**ウ**　(5)**ア**

4 (1)おにくかおさかな、どちらをたべたいですか（めし上がりたいですか）。
(2)おみせの中にはだれもいません（いらっしゃいません）。
(3)おてらにおまいりにいきましょう（まいりましょう）。
(4)おきゃく（さん・さま）が三人しかきません（いらっしゃいません）でした。
(5)ごあいさつをさせてください。

解説

2 (4)文末の述語「いきたいです」に対応する主語を探します。主語になる言葉につくのが絶対に「～は（が）」だとは限らないことに注意します。

4 (1)「にく」「さかな」に「お」をつけると、ていねいな言い方になります。(3)「いこう」は「いきましょう」などとすると、ていねいな言い方になります。(5)「あいさつ」に「ご」をつけると、ていねいな言い方になります。

思考力問題に チャレンジ①

問題 62～63ページ

1 いもうと・ぼく

2 (1)もち　(2)せき　(3)ゆめ　(4)くち

3 (1)みぎ　ひだり　(2)まえ　うしろ（うら　おもて）
(3)たかい　やすい（順不同）　(4)よわい　つよい

4 田中さん

解説

1 読点には、文を区切ることで文意をわかりやすくするという働きもあります。(1)では「ぼくは、わらって」となっていて、「ぼく」と「わらって」はつながっていません。それに対して、(2)では「ぼくは　わらって、」となっており、「ぼく」と「わらって」がつながっていることに注目します。

2 (1)ついたり、やいたり、まるめたりする、「お正月に　たべ」るものを考えます。(2)たったり、ゆずったり、おさえたりする、「きょうしつや　車の中に　ある」ものを考えます。(3)見たり、かたったり、かなえたりする、「ねむって　いても　見」るものを考えます。(4)あけたり、つぐんだり、きいたりする、「かおの　一ぶぶん」を考えます。

3 (1)「おうだんほどうを　わた」るときに見る方向を考えます。(2)シャツをきるとき、「さかさまに」なるかもしれないものを考えます。(4)どんなチームが「かつ　ことも　あ」るのかを考えます。

4 丁寧語を使うかどうかで、相手との立場の上下関係を判断できることがあります。まず、「おはようございます」と言う山本さんに対して、田中さんが「やあ、おはよう」と言っていることから、田中さんのほうが山本さんより目上の立場だと考えられます。次に、「こんどは　木村さんも　行けると　いいね」と言う田中さんに対して、木村さんが「はい、そうですね」と、ていねいな言い方をしていることから、田中さんのほうが木村さんより目上の立場だと考えられます。木村さんは、「ぼくも　きみと　いっしょに　行きたかったよ」と言っているので、木村さんと山本さんは同じ立場で、二人とも生徒だと判断できます。

中学入試に役立つアドバイス

「　」（かぎかっこ）の用法

①会話文に用いる
実際に口に出した部分を「　」でくくる、と考えるとわかりやすいでしょう。
例　わたしは思わず「早くしてください。」と言ってしまいました。

②引用する
他者の言葉を引用した部分を「　」でくくります。
例　昔から「早起きは三文の徳」といいます。

③強調する
「　」でくくられた部分を強調する働きがあります。
例　大切なのは「毎日の努力をおこたらない」ということです。

④文字どおりの意味ではない、ということを示す
筆者独自のニュアンスや意味づけを行います。入試問題でしばしば見られる用法ですので、覚えておくとよいでしょう。
例　一時間も遅刻して平気でいるなんて、彼はまったく「大したやつ」だ。

10 つなぎことば・文と 文の かんけい

★ 標準レベル

問題 64～65ページ

1 (1) ○ (2) × (3) ×
2 (1) ア (2) ア
3 (1) ウ (2) ア (3) イ
4 (1) イ (2) ウ (3) ア

解説

1 (1)「ねつが あります」が原因、「学校を 休みました」が結果を表すことに着目しましょう。(2)「大雨が ふって います」から推測される結果として、「そとで あそびました」は逆の内容であることに着目しましょう。(3)「とても こわいです」から推測される結果として、「にげません」は逆の内容であることに着目しましょう。

2 (1)「ナイフが あります」に「フォークは ありません」と逆の内容をつけ加えていることに着目しましょう。

3 (2)「がんばりました」という結果に、「まけたく なかったからです」という理由をつけ加えるつなぎ言葉を選びましょう。(3)「ぼくの おとうさんの おにいさんの 子ども」を「いとこ」と言いかえるつなぎ言葉を選びましょう。

4 (2) 二つの事がらから選択するつなぎ言葉を選びましょう。(3) ほかの内容をつけ加えるつなぎ言葉を選びましょう。

★★ 上級レベル

問題 66～67ページ

1 (1) ア (2) イ (3) イ (4) ア (5) イ
2 (1) イ (2) ア (3) イ
3 (1) イ (2) ウ (3) ア
4 (1) ウ (2) イ (3) ア

解説

1 (1) 前の事がらに対して、反対の内容を示すつなぎ言葉を選びましょう。(2) 原因と結果の関係を示すつなぎ言葉を選びましょう。(3) ほかの内容をつけ加えるつなぎ言葉を選びましょう。(4) 前の事がらとあとの事がらを比べたり、どちらかを選んだりすることを示すつなぎ言葉を選びましょう。(5) ほかの内容をつけ加えるつなぎ言葉を選びましょう。

2 (1) 好きなスポーツとして、「ラグビー」に「サッカーや やきゅう」をつけ加えています。(2)「いい お天気ですね」に対して、「しゅくだいは すみましたか」という別の話題に変えていることに着目しましょう。

3 (1) ほかの内容をつけ加えるつなぎ言葉を選びましょう。(2) 例を示すつなぎ言葉を選びましょう。(3) 話題を変えるつなぎ言葉を選びましょう。

4 (1)「ごはんを たくさん たべ」と「おなかが すいて います」が逆の内容であることに着目しましょう。(2)「ごはんを たべ」に「おちゃを のんだり」をつけ加えていることに着目しましょう。(3)「ごはんを たべ」が仮定の条件になっていることに着目しましょう。

★★★ 最高レベル

問題 68～71ページ

1 (1) **ア・ウ** (2) **イ・ウ** (3) **ア・イ**
(4) **ア・ウ** (5) **イ・ウ**（各順不同）

2 (1) a**イ** b**エ** (2) a**ウ** b**ア**

3 (1) (例) へやで本をよんでいました。すると、そとで大きな音がしました。
(2) (例) なんどもやってみた。でも、どうしてもうまくいかない。
（「でも」は、「しかし」「それでも」等、逆接の接続詞であれば可）

4 (1) (例) わたしは犬がすきで（すし）、ねこもすきです。
（わたしは、犬もねこもすきです。）
(2) (例) みんなでがんばったから、ぼくのチームがかちました。
（ぼくのチームがかったのは、みんなでがんばったからです。）

5 (1) たとえば (2) または (3) なぜなら
(4) ところで (5) まず

6 (1) ① て ② と ③ ら
(2) ① が ② なら
③ から（「ので」「ため」も可） ④ のに（「けど」も可）

7 (1) A**ウ** B**ア** C**イ** E**エ** (2) **イ**
(3) (例) じぶんをしんじれば、みちがひらけるでしょう。
（「しんじていれば」「しんじるなら」「しんじたなら」等も可）

解説

1 (2) 話題を変えるつなぎ言葉を選びましょう。(4) 原因と順当に続く結果の関係を示すつなぎ言葉を選びましょう。(5) 順序を示すつなぎ言葉を選びましょう。

2 (1) b「雨が　ふって　きました」に対して、予想されることと反対の内容が続くことを示す**エ**の「でも」があてはまります。(2) b「まわりに　人もいません」と「すこし　こわく　なりました」は原因とそれから順当に続く結果の関係なので、**ア**の「だから」があてはまります。

3 (1)「本を　よんで　いたら」と「そとで　大きな　音が　しました」は、時間的につながっていることに着目しましょう。

4 (1)「犬が　すきです」と「ねこも　すきです」を並立の関係と考えると、「犬が　すきで（すし）、ねこも　すきです」となります。ただし、「犬」と「ねこ」の並立としてもかまいません。(2)「みんなで　がんばったから」という理由を示す部分は、文の前と後、どちらにおいてもかまいません。

5 (2)「えんぴつ」と「ペン」のどちらか一方を選択する形になっているので、選択を表す「または」を入れます。(4)「はなしは　おわりです」といったあとに、話題を変えているので、「ところで」を入れます。

6 (1) ①「ほめられ」たという原因と、「うれしく　なりました」という結果の関係をつないでいることに着目しましょう。②「ほめられる」という一般的な条件を示していることに着目しましょう。③「ほめられた」という仮定を示していることに着目しましょう。
(2) ①「ラジオを　き」く「ごはんを　たべ」るという二つの動作を同時に行っていることに着目しましょう。②「もしも」とあるので、仮定を示していることに着目しましょう。

7 (1) A 直後で一つ目の内容について述べていることに着目しましょう。
B「ありがとう」と言う場合の例を挙げていることに着目しましょう。
C 直後で二つ目の内容について述べていることに着目しましょう。E あとで「～から」と理由を述べていることに着目しましょう。(2) 前と後が逆の内容になっていることに着目しましょう。

11 こそあどことば

★ 標準レベル　問題 72～73ページ

1 (1) この　おかしは　そこに　ありました。どんな　あじが　するで　しょうか。
(2) あちらに　いるのが　ぞうです。ここから　見ても　その　大きさが　わかります。

2 (1) イ　(2) イ　(3) ウ

3 (1) へや　(2) ペン　(3) いけ　(4) 右

4 (1) ここ　(2) それ　(3) あれ

解説

1 「こそあど言葉」は、「これ、それ、あれ、どれ」「この、その、あの、どの」、「ここ、そこ、あそこ、どこ」「こちら、そちら、あちら、どちら」など、「こ・そ・あ・ど」で始まり、事物や方向を指し示す言葉です。(2)「その」が「ぞう」のことを指しています。

2 (1) 場所を指し、「で」につながるこそあど言葉を選びましょう。(2) 物を指し、「は」につながるこそあど言葉を選びましょう。

3 (1) こそあど言葉は直前の内容を指し示すのが原則です。直前までで、場所にあてはまる言葉を探しましょう。(3) ちかづいてはいけないのが、「こうえん」と「いけ」のどちらなのかを考えましょう。

4 (1) 今いる場所を指し、「に」につながるこそあど言葉に書きかえましょう。(3) 遠くの物を指し、「は」につながるこそあど言葉に書きかえましょう。

★★ 上級レベル　問題 74～75ページ

1 (1) ア　(2) イ　(3) イ

2 (1) ハンバーグ　(2) はしった

3 (1) あれ　(2) どちら（どっち）　(3) あんな

4 (1) これ　(2) あちら（あっち・あそこ）　(3) どんな

解説

1 (1)「わたし」が「いる」場所であることに着目しましょう。(2)「あちら」が遠くを指すことに着目しましょう。(3) 目の前にない物事を指すことに着目しましょう。

2 指定された字数に合わせて、前の部分から書きぬきましょう。また、こそあど言葉と置きかえてみて、そのまま文にあてはまる言葉を書きぬきましょう。

3 (2)「右」か「左」のいずれかの方向を指し、「の」につながるこそあど言葉に書きかえましょう。(3)「一年前」という遠い物事を指し、「おもいは」につながるこそあど言葉に書きかえましょう。

4 (1) 自分の手に持っている物を指し、「は」につながるこそあど言葉を書きましょう。(2) 遠くにある物を指し、「に」につながるこそあど言葉を書きましょう。(3) 不特定の物事の中から一つを指し、「ことが」につながるこそあど言葉を書きましょう。

★★★ 最高レベル

問題 76～79ページ

1 (1) **イ** (2) **ア** (3) **イ**

2 (1) (例) かえったら手をあらうこと

(2) (例) バスにのりおくれてしまったこと

(バスにのりおくれたこと)

3 (1) (例) きのうたべたケーキ

(2) (例) たくさんのならんでいる人 (ならんでいるたくさんの人)

4 (1) (例) ここでまっています。(このえきでまっています。)

(2) (例) あれはだれでしょう。(あの人はだれでしょう。)

(3) (例) その本をとってください。(それをとってください。)

5 (1) **エ** (2) **ア** (3) **イ・ウ**

6 (1) その (2) これ (3) どんな

7 (1) レストラン

(2) **イ**

(3) **ア**

(4) (例) じゃんけんでかった人が (メニューを) きめる

解説

1 (1)「パンか　ごはん」のいずれかを指すことに着目しましょう。(2)「ぼく」が今いる場所を指すことに着目しましょう。(3) 見えていない場所を指すことに着目しましょう。

2 (1)「かえったら　手を　あらいます」を指しています。「は」につながるように、「こと」で終わる形にしましょう。(2)「バスに　のりおくれて　しまいました」を指しています。「しまいました」は省略可能です。「さえ」につながるように、「こと」で終わりましょう。

3 (1)「は」につながるように一語で答えると「ケーキ」になります。れいにならってどのようなケーキなのかをつけ加えて書きましょう。(2)「は」につながるように一語で答えると「人」になります。れいにならってどのような人なのかをつけ加えて書きましょう。

4 (1)「いま　ついた　えき」をこそあど言葉に書きかえましょう。(2)「まえに　あった　人」をこそあど言葉を使って表しましょう。(3)「あなたの　そばの　本」をこそあど言葉を使って表しましょう。

5 (1) 絵では、男の人が右と左の二つの矢印が書かれた看板を前に迷っています。そのため、特定の道を表す言葉ではなく、**エ**「どっち」を選びましょう。

6 (3) 不特定の物事を指し、「ものが」につながるこそあど言葉を書きましょう。

7 (1) 今いる場所を表す言葉を探します。直前の文に必ずあるとは限らないことに注意しましょう。(2) おとうさんとおにいさんの共通認識を指すこそあど言葉を選びましょう。(3)「たくさん　あって　まようわ」とありますので、多くの物の中から一つを選ぶこそあど言葉を選びましょう。(4) こそあど言葉の後の内容を指す、珍しいパターンの問題です。後の内容から、あてはまる部分を探しましょう。

中学入試に役立つアドバイス

指示語 (こそあど言葉)

指示内容は、直前の部分から順番にさかのぼって探すのが原則です。見つけたら、指示語にあてはめて文がつながるように、「こと」で終わったり、言葉の順番を入れかえたりして答えましょう。

復習テスト④

問題80～81ページ

1 (1) **イ** (2) **ア** (3) **ア** (4) **イ**

2 (1) **ウ** (2) **イ** (3) **ア**

3 (1) **ア** (2) **ア** (3) **イ** (4) **イ**

4 (1) おいていた本 (2) (つい) こえを出してしまった

解説

1 (1) 逆の内容であることを示すつなぎ言葉を選びましょう。(2) 二つの事がらから選択するつなぎ言葉を選びましょう。(3) 前の事がらに別の事がらをつけ加えるつなぎ言葉を選びましょう。(4) 前の事がらをあとで説明・要約するつなぎ言葉を選びましょう。

2 (1)「あまい　もの」について、「チョコレートや　ケーキなど」という例を示すつなぎ言葉を選びましょう。(2)「つよい　雨が　ふって　います」に、「かぜも　ふいて　きました」という事がらをつけ加えるつなぎ言葉を選びましょう。(3)「へやが　よごれて　います」という原因に対して、「おそうじを　しました」という結果を表すつなぎ言葉を選びましょう。

3 (1) 多くの物の中から一つを選ぶこそあど言葉を選びましょう。(2) 近くにいる生き物を指すこそあど言葉を選びましょう。(3) 見えていない場所を指すこそあど言葉を選びましょう。(4) 遠くを指すこそあど言葉を選びましょう。

4 (1)「が」につながるように一語で答えると「本」になります。［れい］にならってどのような本なのかをつけ加えてぬき出しましょう。(2)「つい　こえを出して　しまったんだ」という前の内容全体を指します。「せいで」につながるように、［れい］にならってぬき出しましょう。

思考力問題に　チャレンジ②

問題82～83ページ

1 3→1→4→2

2 (1) (例) 雨がふってきました (2) (例) ドアをあけました (げんかんにでました)

3 (1) (例) **イ**・いつもより早くおきた
(例) **ウ**・雨がふっている
(例) **エ**・ぼくのたんじょうびでもある
(2) (例) **ア**・いやなことがつづいている
(例) **イ**・あさからいらいらしていたからだ
(例) **ウ**・つぎの日になかなおりをした

4 (例) 一階のエアコン

解説

1「でも」「だから」というつなぎ言葉に注目しましょう。

3 (1) **イ**「だから」の場合はあとに順当な結果が、**ウ**「でも」の場合はあとに反対の結果が、**エ**「しかも」の場合はあとに強調してつけ加える物事がくるように文を作りましょう。(2) **ア**「つまり」の場合はあとに言いかえた内容が、**イ**「なぜなら」の場合はあとに理由が、**ウ**「しかし」の場合はあとに前とそぐわない内容がくるように文を作りましょう。

4 まゆみさんの発言の「この　階の　それ」は「二階の　エアコン」を、「そっちの　階」はお父さんのいる「一階」を指しています。それに対して、お父さんが「こっち」と言っているのはお父さんのいる「一階」で、「それ」と言っているのは「エアコン」です。

12 ばめん(1)

★ 標準レベル 問題84~85ページ

1
(1) **ア** (2) こや
(3) **ウ** (4) びょういん
(5) **イ**

解説

1 (1) 場面がいつの出来事なのかを捉える場合は、文章中に時間がわかる言葉や表現がないかを探します。この文章では、最初に「つぎの 日の あさだった」とあります。サチコさんが帰って来なくて、サスケがサチコさんを探しに行った日の「つぎの 日の あさ」の場面を描いた文章です。よって、**ア**が正しいです。

(2) まず、場所がわかる言葉や表現を探します。「オレは 名まえを よばれて、こやから とびだした」とあるので、サスケは名前をよばれるまでは、「こや」にいたことがわかります。「サスケが 名まえを よばれるまで いたところ」を問われているので、「こや」が正解です。そのほかに「こうえん」なども場所を表していますが、この部分はサスケが「ニンゲンと イヌ」について思い出そうとしている部分なので、サスケがいたところではありません。場所を表す語句や表現だけに注目するのではなく、前後の文章をふまえ、登場人物などが現在いるところはどこなのかを捉えます。

(3) 「おい、おまえ」という言葉のあとに、「オレが きくと、イヌが こたえた」と書いてあります。「オレ」はサスケのことで、「イヌ」はチャッピーのことです。よって、サスケがチャッピーによびかけたのだとわかるので、**ウ**が正しいです。会話文は、だれの発言なのかを考えながら読むようにします。

(4) チャッピーの「サチコさん、きゅうに びょうきに なって、びょういんに いるんだって」という言葉から、サチコさんは「びょういん」にいると考えられます。また、このあとに「すぐに もどって こられるみたいだよ」とも話しているので、サチコさんはまだ「びょういん」にいるということがわかります。

(5) 「ニンゲン」の行動や会話文に注目して、「ニンゲン」がどのような目的でサスケのもとに来たのかを考えます。「ニンゲン」はサスケに対して「サチコさん、サスケに ごはんを あげてって わたしに でんわを くれたのよ」と説明しています。ここから、「ニンゲン」がサスケのもとに来た理由は、サスケにごはんをあげるためであることがわかります。

★★ 上級レベル 問題86~87ページ

1
(1) くまさん (2) **イ**
(3) ご主人 (4) **ア**
(5) (例) メニューはないのか・(例) おどろく

解説

1 (1) 傍線部①のすぐあとの文には、だれの声なのか書かれていないので、文章を読み進めます。声をかけられたラビおくさんが、ガラス越しに庭を見やると、「テラスに おかれた いすに、ついぞ 見かけない、くまさんがすわり、こちらを 見て い」ました。この部分から「おーい!」と声をかけたのは、この「くまさん」であるとわかります。ラビおくさんは、つい「ラビおくさんの ご主人」だと思って「はーい」と答えていますが、ご主人は

「しばらく　前に　この　世を　さって　いる」ため、声をかけたのがご主人ではないことがわかります。このように、だれの話した言葉なのか、すぐ近くには書かれていないこともあるので、文章全体を読んで展開をしっかり捉えるようにしておきます。

(2)「はーい」と返事をしたあとのラビおくさんの行動に注目します。庭を見やるとテラスに「くまさん」がすわっているので、「部屋から　テラスへ　出て　いきました」と書かれています。つまり、返事をしたときはまだ「部屋」にいたのです。

(3) 傍線部③の直前の一文に「ラビおくさんの　ご主人は、しばらく　前に　この　世を　さって　いるのです」とあり、それに続けて、『おーい。』とよぶのが　口ぐせだった」と書かれているので、「ラビおくさんの　ご主人」についての説明だと考えられます。ご主人が亡くなっているのにもかかわらず、ラビおくさんは、「おーい」とよぶのが口ぐせのご主人によばれたと思ってしまい、「はーい」と答え、あわてて口をおさえた、という展開をしっかり捉えます。

(4) くまさんが、テーブルを指しながら「メニューは、ないのかね」とたずねていることに注目します。テラスにテーブルと椅子が置かれていたので、くまさんはラビおくさんの家を喫茶店だと思いこんで、注文しようとしています。この様子を見て、ラビおくさんは、心の中で「うちを　喫茶店と　かんちがいしてるんだわ」と気づいています。よって、**ア**が正しいです。くまさんは、「ついぞ　見かけない」と書かれているため、ラビおくさんと会うのは初めてです。ラビおくさんの「ゆうじん」ではありません。よって、家に「あそびに　き」てもいないので、**イ**は正しくありません。くまさんは、「おきゃくの　ふり」をしたのではなく、おきゃくのつもりで椅子にすわっています。「メニューは、ないのかね」とたずねているのは、注文をしようとしているからです。「からかおう」としているわけではないので、**ウ**は正しくありません。

(5) ラビおくさんは、くまさんと会ったことがなかったので、「どちらさまで」と聞こうとしました。しかし、くまさんは、「メニューは、ないのかね」と聞いてきました。見たことのないくまさんがテラスにいるばかりか、ラビおくさんのうちは喫茶店ではないのに、メニューを求めてきたため、「はあ？」とおどろく気持ちになっています。

★★★ 最高レベル

問題88～91ページ

I

(1) 二がっき・しぎょうしき　(2) きょうしつ
(3) (例) びっくりした　(4) a かわいい　b 一くみ　c きた
(5) **ウ**　(6) **ア**　(7) **エ**　(8) (例) けいくんのかおをなめた
(9) おもって・はなせた（はなせる）
(10) ごはんを

解説

I

(1) 物語の最初の「二がっきの　しぎょうしきの　日です」に注目します。この文章は、この日の学校と、家に帰ったあとの出来事が書かれています。

(2) 場所を表す言葉や表現を探すと、「先生と　いっしょに、きょうしつに入って　きた　子を　見て」とあるので、「きょうしつ」の場面です。

(3)「びっくりしました」「びっくりして　しまって」と、くり返し書いてあります。散歩中に出会った、クマをほめてくれた女の子が、自分と同じクラスにくるとは思っていなかったので、けいくんはおどろいたのです。だから、女の子の名前を「よく　きいて」いなかったのです。

(4) けいくんが、おとうさんとおかあさんに話そうとしている「いい　こと」の内容を考えます。「うまく、はなせません」のあとに、話したいことが書かれています。「この　あいだ、女の子が、クマを『かわいいね』と、いっ

て くれた こと」と「きょう、その 子が、一くみに きた こと」の二点を押さえます。

(5) おとうさんとおかあさんの「ようす」が問われているので、二人の行動や言葉に注目します。「いい こと、あった」と話すけいくんに、おとうさんは「へえっ、なんだい?」と言っています。けいくんの話に興味をもって、どんなことがあったのかを聞こうとしています。「学校で……」と言いかけて口ごもったけいくんに、おかあさんは「学校で? どんな こと?」とたずねて、続きを聞こうとしています。二人の言葉から、「けいくんの はなしを しっかり きこう」としていることがわかるので、**ウ**が正しいです。「だいじょうぶ?」のような、心配する言葉はないので、**ア**は正しくありません。「へえっ、なんだい?」「学校で? どんな こと?」とおとうさんとおかあさんは、けいくんに話しかけているので、**イ**は正しくありません。

(6) 傍線部③の前に、けいくんの様子について、「はなしたい ことが たくさん あるのに、うまく はなせないのです」と書かれています。また、けいくんは「なんでも ない」と言って、話すことをあきらめています。これらの内容をもとに読むと、けいくんが顔を下に向けたのは、うまく話せなくて、悲しい気持ちになったからだとわかるので、**ア**が正しいです。おとうさんとおかあさんは、話を聞こうとしているので、**イ**は正しくありません。おとうさんとおかあさんは、うまく話せないけいくんに、やさしく話しかけています。怒ってはいないので、**ウ**は正しくありません。

(7) 空欄には、犬のクマが、けいくんの顔をなめている音が入るので「ぺろぺろ」が適切です。**ア**「ふわふわ」はやわらかくふくらんでいる様子、**イ**「かたかた」はかたいものが触れ合って発する音、**ウ**「とんとん」はものを続けて軽くたたく音です。擬音語、擬態語の意味をしっかり捉えて考えます。

(8) 傍線部④の直前のクマの行動に注目します。「クマも、うれしい」のだとけいくんが思ったのは、クマがけいくんの顔をなめたからです。

(9) 傍線部⑤の直前の( )内の、けいくんの心の声に注目します。「おもって いる こと」を全部「はなせ」たことが、うれしくなった理由だとわかります。おとうさんとおかあさんにうまく話せなかったことが、クマになら話せたという場面の流れを把握しておきます。

(10) □の中は、学校の教室の場面です。□以外の最初の場面では、けいくんの家の「夕ごはんの とき」の様子が描かれています。そのあと、「ごはんを たべると、クマの ところへ いきました」とあり、クマとのやりとりの場面に変わっています。場面を分けるときは、時間の変化、場所の移動、人物の入れかわりなどに注目して考えます。

中学入試に役立つアドバイス

場面を捉える

どのような場面なのかを捉えるときは、次の点に注目しましょう。

①**登場人物**(だれ)…動物なども含まれる場合がある
②**時**(いつ)…日にち、朝昼夕夜、時刻、季節などを示す言葉、表現
③**場所**(どこ)…教室や家、国名や都市名など場所を表す言葉
④**出来事・事件**(どうした)

場面の変化を捉える

どこで場面を分けるかを考えるときは、次の点に注目しましょう。

①**時間の変化が示されているところ**
②**場所が移動したところ**
③**登場人物が入れかわっているところ**
④**取り上げている出来事の変化や状況の変化**
⑤**登場人物(特に主人公)の心情が大きく変化しているところ**

13 ばめん(2)

★ 標準レベル

問題 92〜93ページ

1
(1) **ア** (2) **イ** (3) **ア**
(4) らいしゅう・一年生

解説

1

(1) この文章の主人公であるあさひがいる場所を、読み取る問題です。全体を読んで、展開を捉え、場所を表す言葉を探します。この文章は、ねえさんが外から帰ってきたところから始まります。そのとき、あさひはソファに寝っころがっていました。パジャマで過ごしてもよいと思う理由として、「うちに　いるんだし」と書かれています。つまり、あさひが「うち」、つまり自分の家にいる場面であるとわかります。

(2) この場面の時間がわかる表現を押さえていきます。ねえさんは、パジャマを着たままのあさひに対して「もう　お昼なのに、だらしない」と言っています。また、あさひが「朝ごはんを　たべて、ねっころがって　テレビを　みて　いた」ことも書かれています。これらから、すでに朝ごはんは終わり、昼になっている場面だとわかります。

(3) ねえさんの気持ちが書かれている部分を、正しく読み取ります。ねえさんが「なんなの、その　かっこう」と言うと、あさひは「姿勢」のことを言われたのだと思って、難しいポーズをしてみせます。しかし、そのあとねえさんは「ばかっ。パジャマの　ことだよ。もう　お昼なのに、だらしない」と言っていることから、最初にねえさんが言った「かっこう」は「服装」のことだとわかります。ねえさんは、寝るときに着る「パジャマ」をあさひが昼になってもまだ着がえていないことに、おどろいたのです。

(4) 傍線部②の前後のねえさんの言葉から、「ちゃんと　しなさい」と言った理由を考えます。傍線部②の前には「あんた、もう　すぐ　一年生でしょ」「入学式は、らいしゅうだ」とあります。よって、「らいしゅう」行われる入学式で、あさひが「一年生」になるとわかります。また、傍線部②のあとに「そんなんじゃ、学校に　いれて　もらえないんだから」とあります。実際には学校にいれてもらえないことはないと思われますが、一年生になるのだからあさひがだらしなくしていてはいけないと考えているねえさんの気持ちがわかります。

★★ 上級レベル

問題 94〜95ページ

1
(1) a夕方　bつくし　cにわ
(2) れんしゅう　(3) **ア**
(4) (例) ボールをよける

解説

1

(1) 文章の最初の部分から、どのような出来事が書かれている場面なのかを捉えます。最初は、主人公である「つくし」が「夕方」に「じどうかん」から帰ってきた場面から始まります。そのとき、「ボン、ボン」と音がするので、つくしが「にわ」へ行ってみると、「おねえちゃんが　かべに　むかって　ボールを　なげて　いました」と書かれています。空欄のaには時間を表す言葉が入ります。bには「じどうかんから　帰って　きた」人物の名前が入ります。cは、おねえちゃんがボールを投げている場所を表す言葉が入ります。空欄に言葉を入れる問題では、何を表す言葉が入るのかを正しく押さえることも大切です。

(2) 傍線部①のあとを読み進めて、おねえちゃんが何をしているのかを捉えます。まず、つくしは、おねえちゃんがボールをくり返し投げているのを見て「ドッジボールの　れんしゅうかな」と予想しています。また、「おねえちゃんは、できない　ことが　あると、くりかえし　くりかえし　れんしゅうします」と書いてあります。このことから、おねえちゃんがボールを壁に投げて、取るのをくり返しているのは、ドッジボールでボールを投げたり、キャッチしたりする動作を練習しているからだとわかります。さらに、おねえちゃんは、ボールをよけたつくしに対して、「ドッジボール　うまくなるよ」と言っています。これらのことから、おねえちゃんは、つくしが予想したとおり、「ドッジボールの　れんしゅう」をしていたのだと考えられます。

(3) 文章中の表現や展開を読み取り、登場人物の様子を捉える問題です。傍線部②の前で、「ボールが　ころがると、おねえちゃんは　ゆっくり　ボールを　ひろって、また　なげます」とあります。また、「おねえちゃんは、できない　ことが　あると、くりかえし　くりかえし　れんしゅうします」という説明もつけ加えられています。これらの内容をふまえると、おねえちゃんの「顔が　まっか」になっているのは、ドッジボールの練習を真剣にやっているからだと考えられます。恥ずかしいときや怒っているときも、「顔が　まっか」になることがありますが、この場面ではおねえちゃんが熱心にドッジボールの練習をしていることが書かれているので、**ア**の「しんけんな　ようす」だとわかります。「顔が　まっか」という表現だけで判断せずに、前後の内容から考えるようにします。

(4) おねえちゃんがつくしに話しかけた言葉の中から、つくしをほめている内容を見つけます。おねえちゃんは、「つくし、なげるのは　へただけど、よけるのは　うまいね」と言って、よけることのうまさをほめています。ただし、「よける」だけだと、「何を」よけるのかがはっきりしません。おねえちゃんの投げた「ボール」をよけたときにほめられたので、「ボールを」という言葉を入れて書きます。このように、自分で文を書いて答える問題では、「だれが（何が）」や「何を」が省略されていないかを意識して、その文だけで意味が伝わるようにする習慣をつけておきましょう。

★★★ 最高レベル

問題 96～99ページ

1

(1) **イ・ア**
(2) ちがう
(3) **ア・ア**
(4) いいたい・なかよし　(5) **イ**
(6) （例）けがをさせそうなけんか。・（例）もうやめたいのにやめられないけんか。（順不同）
(7) **ア**　(8) **ウ**　(9) **イ**

解説

1

(1) 文章全体からどのような出来事が書かれているのかを捉えます。文章は「きょうの　学級会は、係活動を　きめる　日です」と始まります。そのあと、和人が「けんかとめ係」をしたいと思いついて、真先生と「けんかとめ係」について話をする様子を中心に書かれています。このことから、この文章は学級会で係活動を決める場面であるといえます。文章の最初や一部分だけで場面を判断するのではなく、全体で何が書かれているのかを読み取ることが大切です。

(2) 傍線部の理由を問われたときは、まず傍線部の前後の内容に注目します。傍線部①の前の部分では、係活動を決めるにあたって、「やって　みたい　係」の下に名前を書くように、真先生が言っています。これに対して、傍線部①のすぐあとで「二年生では『くばりもの係』だったけれど、三年生では　ちがう　係が　して　みたい」という和人の気持ちが書かれているので、まよっている理由を読み取ることができます。

(3) 傍線部②のあとに注目します。真先生が「学級びらきの　とき」に「けんかも　して、なかよしの　クラスに　しよう」と言ったため、和人は「けんかは　とめなければ　いけない」と思いました。「そう　思ったから」という理由を説明する言葉もあるため、この先生の学級びらきのときの発言が、「けんかとめ係」を思いついたきっかけだとわかります。

(4) 傍線部③のあとの真先生の言葉に注目します。「けんかって　いうのは」で始まる会話文に、真先生がけんかは止めるものではないと考える理由が書いてあります。真先生は、ちゃんとけんかをすることで「いいたい　こと」をいって、わかりあって、「なかよし」になるのだと考えています。真先生はなかよしになるためにはけんかが必要だと考えていることを押さえておきましょう。

(5) 傍線部④の前後から和人の様子がわかる部分はないかを探します。すると、直前に「わかったような、わからないような　和人です」と書かれています。真先生がけんかは止めるものではないと考える理由を話しても、和人はあまり理解できていない様子だったので、さらに話をしようとしているのです。

(6) 傍線部⑤の前の真先生の言葉から、どういうけんかを止めるのがよいのかを考えます。真先生は「けがを　させそうな」けんかは、止めなければいけないと言っています。また、「もう　やめたいのに　やめられない」けんかのときは、止めてもらうとありがたいと言っています。この二つをそれぞれまとめます。

(7) 真先生は『けんかとめ係』うまく　やって　くれよ、うん」と言いながら、和人の肩をぽんとたたいています。仕事を任せるからがんばってほしいという、和人を応援する気持ちが示されているので、**ア**が正しいです。この仕事は和人にはできないと思って、ばかにしたり、心配をしたりしているわけではないので、**イ**と**ウ**は正しくありません。

(8) 真先生の話を聞いて、和人の心情に変化があったことを捉えます。なかよくなるために必要な「けんか」と、止めてほしい「けんか」があるという話を聞いたあと、和人は係の名前を書き直しています。「とめ」という文字を消したのは、先生から止めなくていいけんかもあると聞いたからだと考えられるので、**ウ**が正しいです。なかよしになるために必要なけんかは止めてはいけないというだけなので、**ア**は、「どんな　けんかも」というところが正しくありません。「けんかを　したくなった」とはどこにも書いていないので、**イ**は正しくありません。

(9) 空欄のあとの「いい　係を　思いついたのにな」に注目します。**ア**「わざと」は、考えがあって、そうしようと思ってするさま。**イ**「せっかく」は、めったにないものを大切に思うさま。**ウ**「こっそり」は、人に知られないように隠れてするさま。自分で特別な係を思いついたと思っていたのに、係の役目を少し変えることになって残念な気持ちになっているので、**イ**が正しいです。

中学入試に役立つアドバイス

場面の出来事を捉える

どのような場面であるかを短い文でまとめる問題が出題されることがあります。この場合は、次のようにまとめるようにしましょう。

「いつ、どこで、だれが、何をしている（何をした）場面である。」

例　夕方、家の庭で、お姉ちゃんが、テニスの練習をしている場面である。

このとき、中心になる出来事を正しく捉えることが大切です。文章の中でもっとも多く書かれている出来事や、展開のきっかけとなっている出来事を捉えましょう。

14 せいかく・人物像

★ 標準レベル

問題 100～101ページ

I
(1) **イ**
(2) **ウ**
(3) **ア**
(4) **イ**

解説

I

(1) 「チコちゃん」について書かれているところを探します。傍線部①のあとの「おねえさんみたいに　たのもしくて」「口うるさい」に注目します。「口うるさい」というのは、細かいことに小言や文句を言うことです。しっかりしていますが、細かいことを気にする性格であることがわかるので、**イ**が正しいです。「おおらか」は細かいことにとらわれないことなので、「口うるさい」という説明に合いません。また、声が大きいとは書いていないので、「さわがしい」わけではありません。よって、**ア**は正しくありません。「おれ」を気にかけて、「どうしたのよ」とたずねてくれているので、「いじわる」でも「つめたい」性格でもありません。よって、**ウ**も正しくありません。

(2) 「おれ」の行動や言葉に注目します。「おれ」は「どろんこの　うわばきは、じぶんで　あらいなさい」とおかあさんに言われましたが、「めんどう」なので回っている洗濯機に放りこんでいます。うわばきを手あらいせず、楽をしようとしたことから、おおざっぱでだらしない性格だとわかるので、**ウ**が正しいです。なんでもきちんとする性格であれば、どろんこのうわばきを回っている洗濯機にそのまま入れたりしないはずなので、**ア**は正しくありません。素直でおとなしい性格であれば、おかあさんに怒られたら、謝って仲直りをするはずです。素直になれないから、リュックを背負ってうちを出たのです。よって、**イ**は正しくありません。

(3) 「おれ」に対して、なぜおかあさんが「もう、うちの　子じゃ　ありません」と言ったのかを考えます。チコちゃんの「そう　いわれるような　ことを　したんじゃない？」という言葉への返事から読み取ります。おかあさんからうわばきを自分で洗うように言われたのに、「おれ」は、めんどうに思ってうわばきをそのまま洗濯機に放りこんで、ほかの洗濯物もどろだらけにしてしまいました。おかあさんは、めんどうくさがってほかの洗濯物までどろだらけにしてしまった「おれ」のことを怒っているのです。よって、**ア**が正しいです。勉強をしないことについては書いていないので、**イ**は正しくありません。「おれ」が家を出たのは、このおかあさんの言葉を聞いてからなので、**ウ**は正しくありません。

(4) 「ぶすっと」は、不満があって、不機嫌なようすを表す言葉なので、**イ**が正しいです。おかあさんに怒られて「もう、うちの　子じゃ　ありません」と言われたため、「おれ」は機嫌が悪いのです。

★★ 上級レベル

問題 102～103ページ

I
(1) **ウ**
(2) (例) うしろむきなことばかりいって、へん
(3) **ア**
(4) 負けずぎらい

解説

I

(1) 前田くんの、行動や言葉に注目します。二つ目の中略のあとに、『まえを　見るんだ。なにごとも　チャレンジ！』と、ねこは　毎日、前田くんに

おしえられて　そだちました」とあります。また、「うしろは　見ないのです」ともあります。そこから、前田くんは明るくて前向きな性格だとわかります。よって、**ウ**が正しいです。「おまえ、うちに　きた　日」のあとの部分では、前田くんはねこのことを心配して後ろ向きな考えになっていますが、ふだんは「うしろは　見ない」性格です。慎重になっているのは今だけなので、**ア**は正しくありません。**イ**のような内容は書かれていないので、正しくありません。

(2) 傍線部①の直後に、「きょうの　前田くんは　へんです」と書いてあります。「まえを　見るんだ」と毎日教えてくれた前田くんが、「おまえ、うちに　きた　日……」以降で、ねこと出会ったころのことをふり返っています。ねこの昔の失敗ばかりふり返っている、つまり、前田くんが前を見ず、「うしろ」を見ているので、ねこはひげをぴくぴくさせたのです。記述するときは、「へん」という様子だけではなく、後ろ向きな気持ちになっているという内容も書くようにします。また、過去のことをふり返っていて変という内容でも可です。

(3) 傍線部②が指している前田くんの「ことば」は、「のらに　なったら　生きて　いかれないよな」、「転勤、ことわるか」というものです。前田くんはアフリカに行って、チャレンジしたいと思っています。しかし、この場面では、ねこの預け先が見つからず、ねこのこれからの生活を心配しています。そして転勤を断わろうとまで考えていることから、弱気になっていることがわかるので、**ア**が正しいです。ほんとうは転勤して、アフリカに行きたいので、「たのしんで」はいません。よって、**イ**は正しくありません。なにかに怒っているとは本文に書いていないので、**ウ**は正しくありません。

(4) ねこについて書いてあるところを探します。弱気になっている前田くんに対して、ねこが「キッと」顔を上げたという様子が書かれています。この様子を指して、「ぶきっちょの　くせに、負けずぎらいの　ねこでした」と説明されていることに注目します。「負けずぎらい」とは、他人に負けることがきらいで勝ち気である様子や性格を表す言葉です。

★★★ 最高レベル

問題104〜107ページ

1
(1) (例)(熊にとって)大事な相手だから。
(2) **ア**
(3) ガールフレンド
(4) ハチ・きのう
(5) (例)ハチが死んでしまったということ。
(6) のんびりや
(7) **ア**
(8) **イ**

解説

1 (1) 理由を捉えるときは、まず傍線部の近くの文章に注目します。ここでは、傍線部①のすぐあとの部分から読み取ります。熊は頭をぶつけて、いろいろなことを忘れてしまいました。そのため、レディベアがだれだったのかがわからなくなっています。しかし、「熊に　とっては　大事な　相手だと　いう　ことだけは　ぼんやりと　おぼえて　いた」とあります。大事な相手がそばにいないので、熊は探そうとしているのです。

(2) 傍線部②の前で、熊が亀のこうらに触れると、亀から「温かさ」が伝わってきたことが書かれています。これをきっかけに、熊は「レディベアが　とても　温かだった」ということも思い出します。亀もレディベアも触れると温かいというところが同じなので、熊は、亀のことをレディベアだと思いこんだのです。

(3) 傍線部③のあとのハチの言葉に、「この　亀の　おじょうさんは　ぼくのガールフレンドでね」とあります。「ガールフレンド」は、男性にとっての女友達や、恋人を意味する言葉です。傍線部の前後だけではなく、全体からどのような物語であるかを読み取る必要があります。

(4)「とんちんかん」とは、注にあるように、「つじつまが　あわない　こと」です。亀の返事がとんちんかんである理由を捉えます。亀の性質について、ハチが「彼女は　とても　ゆっくり　生きてる　ものだから、考える　ことも　ゆっくりでね」と説明しています。また、亀の返事について、ハチが「きみが　今　きいた　言葉は、ぼくが　きのう　話しかけた　ことへの　返事って　いう　わけさ」と説明しています。これについて、「亀が　こたえるまでに　一日　かかると　いうのなら、話が　かみ合わないのも　当然だった」とあります。つまり、亀の返事は目の前で話しかける熊に対するものではなく、昨日ハチが話しかけたことに対する返事だったため、会話のつじつまが合わなくなっていたのだとわかります。

(5) 傍線部④の前では、ハチは「死にそうだと　いって　羽を　ふるわせ」ており、そのあとには、「ほんとに　死んで　しまったのだ」と書かれています。つまり、傍線部④の「動かなく　なって　しまった」という表現は、ハチが死んでしまったことを表しているのです。

(6) 亀について書いてあるところを探します。まず、ハチは亀について、「彼女は　とても　ゆっくり　生きてる　ものだから、考える　ことも　ゆっくりでね」と説明しています。また、ハチは亀を指して、「レディベアは　こんなに　のんびりやじゃ　ないはずだよ」とも言っています。つまり、亀はレディベアとは反対に「のんびりや」な性格だとわかります。

(7) ハチの行動に注目すると、「笑って　いる」「大笑いを　した」「笑ってのけぞった」とあり、何度も笑っています。このことから、明るい性格であることがわかります。**イ**の「しんぱいしょう」は細かいところまで気にして心配する性質のことです。そのようなハチの様子は描かれていないので正しくありません。**ウ**の「人見知り」は、知らない人を見かけて、こわがったりきらったりすることという意味です。ハチは初対面の熊に親しげに話しかけているので人見知りな性格ではありません。

(8) 熊の行動や様子に注目します。亀にたずねるときに「遠慮がち」だったことから、「ひかえめ」な性格だとわかります。また、死んでしまったハチの幸せを願ったことから、「やさしい」性格ともわかります。熊がわがままを言ったり、怒ったりする様子は書かれていないので、**ア**は合っていません。「せっかち」は、先へ先へと急いで、おちつきがないことです。「でしゃばり」は余計な口出しや手出しをするという意味です。そのような描写はないので、**ウ**も合っていません。

中学入試に役立つアドバイス

登場人物の性格の捉え方

①**性格を表現した言葉を探す。**

例　のんびりや、せっかち、明るい、おとなしい　など

②**登場人物の言動から考える。**

例　山田くんは、毎日こつこつと勉強をしている。↓まじめな性格

田中さんは、「つらそうだけど、大丈夫かな？」と、倒れそうな人に声をかけた。↓やさしい

登場人物の人物像

「性格」のほかに次のような点を探し、人物像を捉えましょう。

・年齢　・格好　・過去（経歴）　・特技　・苦手なこと　など

復習テスト⑤

問題 108～109ページ

I
(1) a 朝ごはん　b にがお絵大会　c おとうさん
(2) ちがう・いや
(3) (例) わたしに絵をかくれんしゅうをさせるため。
(4) **ア**

解説

I (1) この文章がどのような場面を描いているかを捉える問題です。

aは、あとに「～の　ときに」と続くので、時間を表す言葉が入ります。文章の初めに「朝ごはんを　食べて　いると」とあるので、朝ごはんの場面であると考えられます。また、文章全体を読んで時間が変化していないかも確かめます。おとうさんの言葉で「きょうはね、午前　十時から」とありますが、これは今の場面ではなく、このあとの予定について話しているので、時間の変化を示していません。また、(中略)のあとを読むと、おとうさんの誘いに対して、利里(わたし)が「うん」とうなずくところで終わるので、最後まで朝ごはんの場面だとわかります。したがって、「朝ごはん」をぬき出します。場面を問われたときは、最初の部分だけではなく全体に注意するようにしておきます。

bは、利里(わたし)が、何に参加しないかと言われているかを読み取ります。おとうさんから利里(わたし)は、『子どもの　にがお絵大会』があるんだ。利里も　参加して　みたら　どうかな」と誘われています。したがって、「にがお絵大会」をぬき出します。

cは、だれが利里(わたし)を誘ったのかを示す言葉が入ります。bのところでも確かめたように、「おとうさんが　いいました」とあるので、「おとうさん」をぬき出します。

(2) 傍線部①のあとの一文に、「絵を　かいて　いると、いつも　うまく　いかなく　なって、とちゅうで　いやに　なって　しまうから」とあります。「から」が理由を表す言葉であることに注意しましょう。さらに、そのあとの一文で、「さいしょに　かきたいと　思って　いたのとは　ちがう　絵に　なって　しまう」と、いやになる理由を説明しています。

(3) 後半の「もしかしたら」で始まる一文で、「わたし」がおとうさんの気持ちを想像している内容が書かれています。「おとうさんは　わたしが　絵をかくのが　へただから、絵を　かく　れんしゅうを　した　ほうが　いい」と思って、「にがお絵大会」に行こうと言っているのかもしれないと考えています。利里(わたし)に「絵をかくれんしゅう」をさせるためという内容にまとめます。

(4) 利里(わたし)の行動や言葉から、性格を読み取ります。本当は「行きたくない」けれど、おとうさんの「行って　みよう」という言葉に反抗せず、「うん」とうなずいていることから、おとなしい性格だとわかります。よって、**ア**が正しいです。「にがお絵大会」に「行きたくない」という気持ちを言わないで、『うん』と、むりして　うなず」いているので、「しょうじき」とはいえません。よって、**イ**は正しくありません。絵を書いていると、「とちゅうで　いやに　なって　しまう」ので、「ねばりづよ」くはありません。よって、**ウ**は正しくありません。

15 気もち(1)

★ 標準レベル　問題110～111ページ

1
(1) せっけん・あわ
(2) **イ**
(3) あんしん
(4) **ウ**

解説

1 (1) 傍線部①のある文に着目すると、「せっけんの　あわみたいに、ぶくぶく　もこもこ　ふくらんで　きます」とあります。「みたいに」というたとえを表す言葉があることから、どんどんふくらんでくる「しんぱい」を「せっけんの　あわ」にたとえていることがわかります。

(2) ももは、ぜったいに忘れ物をしたくないと思っています。全部持っていけば忘れ物をすることはないので、全部持っていくことに決めたのです。忘れ物をすることを心配しているので、**イ**が正しいです。使うかどうかがわからないものもあるので、**ア**は正しくありません。「月曜日は、とくに　にもつが　多い　日」だと書いてありますが、全部持っていくと決めた理由ではありません。よって、**ウ**は正しくありません。

(3) ももの気持ちが書いてあるところに注目すると、傍線部③の直前に、「これで　あんしん！」とあります。その一つ前の文には、「教科書や　ノートを、ぎゅうぎゅう　ランドセルに　つめこみました」と書いてあります。ももは、全部持っていくことにしてランドセルに持ち物を詰めこんだので、「しんぱい」な気持ちが「あんしん」に変わったのです。

(4) 「ヤドカリなんて　しつれいです」とあります。ももの気持ちが書かれているところを探すと、最後の一文に、「ももは、ぷんぷん　おこって」とあります。腹を立てているので、**ウ**が正しいです。文章中に「はずかしい」「かなしい」という気持ちを示す言葉はないので、**ア**と**イ**は正しくありません。

★★ 上級レベル　問題112～113ページ

1
(1) (例) じどうしゃがとおって、きけんだから。
(2) (例) がけのあいだのみちをとおるのがこわい気もち。
(3) **ア**
(4) **イ**

解説

1 (1) 傍線部①のあとの先生の言ったことに着目しましょう。先生の言葉に「ひろい　みちは、きけんです」とあるとおり、「きけん」だからというのが理由です。なぜ危険なのかというと、「じどうしゃの　とおる」道だからです。この二つをつなげて答えを作ります。「なぜですか」と問われているので、文末は「～から。」という形にしましょう。

(2) 傍線部②の中にまさやの様子が書かれています。「足は　ぶるぶるします」や「カラスが　一こえ、ギャアと　ないた　ときなど、まっさおに　なってしまいました」という言葉から、まさやがこわさを感じていることがわかります。

(3) 空欄を含む一文にある「この　みち」は「がけの　あいだの　みち」のことです。まさやはその道を通ると「こわくて、むねが　ドキドキします」とあるので、その道を通学路に決めた学校に対して、不満な気持ちであると考えられます。それに最も近いのは、**ア**の「うらめしく」です。恨めしいとは、恨みに思う、にくいという意味です。

(4) 傍線部③の前のお母さんの言葉を受けて、「うれしく　なりました」とあります。お母さんは、「ようちえんの　ときは、とおれなくっても、一年生に　なったら　とおれたでしょう」と言っています。幼稚園のときに通れなかった道を今日は通ることができて、まさやはうれしい気持ちになったと考えられるので、**ア**は本文の内容にあてはまります。また、お母さんは、「まさやは、あすから　ランドセル　しょって、学校へ　いくんだものね」と言っています。明日からのことを想像してうれしくなったとも考えられるので、**ウ**も本文の内容にあてはまります。お母さんと手をつないで家に帰ったことはうれしくなった理由ではないので、あてはまらないのは**イ**です。

★★★ 最高レベル

問題 114〜117ページ

1

(1) (例) たのしみ
(2) 三光ストアのショーウィンドー（の中）
(3) ビーズ・かざり
(4) (例) りっぱなお道具が、たくさんあったから。
(5) **ウ**
(6) (例) かってもらう子どもがいる
(7) (例) 大きくてりっぱ・(例) せまくてふるい
(8) (例) はいったことはなかった
(9) **イ**

解説

1

(1) 「息を　きら」すとは、激しく体を動かして、呼吸が荒くなることです。二人とも「競争のように　かけだして」、お店のショーウィンドーの前まで走っていきました。ここから、おひなさまを見るのを楽しみにしている気持ちが読み取れます。

(2) よし子とさえちゃんが、どこを眺めているのかを探しましょう。おひなさまが飾られている場所については、傍線部②の直前の一文に、「ショーウィンドー」とあります。どこのお店のショーウィンドーかがわかる言葉を探していくと、少し前に「三光ストアに　近づくと」とあり、「三光ストアのショーウィンドー」に飾られていることがわかります。

(3) 「ゆらゆら　ゆれました」の主語を探しましょう。一文が長いので、直前までの「国道を　重たい　じゃりトラックなどが　通る　たびに、まるで、おひなさまが　首を　ふったように、」という説明の部分を（　）でくくります。そうすると、「ゆらゆら　ゆれました」の主語が「それ」だとわかります。「それ」は前に出てきたものを指し示すことが多い言葉です。ここでは、内裏びなの冠にさがっている「ビーズの　かざり」のことを指しています。「おひなさまが　首を　ふったように」というのは、たとえです。実際におひなさまが首をふっているわけではありません。

(4) よし子が何にびっくりしたのかを考えましょう。傍線部④のある一文に、「よし子を　びっくりさせたのは、りっぱな　お道具でした」と書いてあります。よって、「りっぱな　お道具」にびっくりしたのだとわかります。次の文には、「下の　ほうの　三段は、全部、お道具だけで、うずまって　いた」と書いてあるので、いろいろな種類のお道具がたくさんあったことがわかります。この二点をまとめて書きましょう。

(5) 大きくて、値段が高そうなおひなさまをくれる人はめったにいません。だから、「だれかが、はい、あげるよって、くれたら……ひっくりかえっちゃう」と、さえちゃんは言っています。ここでの「ひっくりかえる」は、思いがけないことにおどろいたときの様子を表しているので、**ウ**が正しいです。

(6) よし子が何を不思議に思ったのかは、傍線部⑥のあとに書いてあります。この、飾られているおひなさまを「買う　人」がいるのだと想像し、「どんな　子どもが、これを　もらうのでしょう」と疑問をもっています。あまりにも大きくて立派なおひなさまなので、これを「買う　人」がいて、「(買って)もらう」子どもがいるということが、現実にあることとは思えず、「ふしぎ」に感じられたのです。

(7) 傍線部⑦からさかのぼって、おひなさまについて書いてあるところを探しましょう。「よし子の　家には、この　大きな　おひなさまは、りっぱすぎると、よし子は　思いました」に注目します。ここから、このおひなさまは、大きくて立派だということがわかります。次に、よし子の家について書いてあるところを探しましょう。同じ段落に、「玄関の　二畳と　四畳半と六畳だけの　家」とあることから、家が広くないことがわかります。また、次の段落に「いまでは、家も　古くなり、風が　吹くと、がたぴしと　なるように　なりました」とあります。そこから、建物が古くなって傷んでいることもわかります。

(8)「冒険」とは、日常から離れた状況の中で、多少の危険の伴うことをすることです。よし子がなぜ「冒険的な　気もち」を味わったのかがわかる文を探していきましょう。すると、最後の一文に「学校の　カバンを　もって、こんな　大きな　ストアに　はいった　ことは、まだ　なかったのです」とあります。よし子は今までしたことがないことをしているので、冒険をするような気持ちになったのです。

(9) 空欄の前後を確認しましょう。前には「かんづめや、ビニールに　つまった　お菓子などが」、後ろには「ならんで　いる」と書いてあります。ここから、空欄にはお菓子などが「どう」並んでいるのかを示す言葉が入ることがわかります。選択肢を一つずつ見ていきましょう。**ア**「どろっと」は、液体などが濁って粘りがある様子、**イ**「ずらっと」は、多くのものが列になって並ぶ様子、**ウ**「そろりと」は、動作がゆっくり、静かである様子、**エ**「ぽつんと」は、一つだけほかと離れている様子を表します。複数のお菓子などが並んでいる様子を表す言葉が入るので、**イ**「ずらっと」が正解です。

中学入試に役立つアドバイス

登場人物の気持ちをつかむ

①**行動**（何をしたか）
②**発言**（何を言ったか）
③**心の声**（どう思ったか）
④**様子**（態度・表情・体の状態など）

の四つに注意して、人物の気持ちを捉えましょう。

「かなしい」「さみしい」などの、感情や心情を表す言葉を使わずに、気持ちを表現することがあります。①～④のポイントに注目し、登場人物の気持ちを考えながら、文章を読みましょう。

例
行動…うつむく・しゃがみこむ・背を向ける・とびはねる　など。
発言…「よし、やるぞ！」「こまったな」　など。
心の声…「なんであんなことをしたんだろう」と思った。など。
様子…体がふるえる・顔が赤くなる・青ざめる・声が小さい　など。

○気持ち（感情）を表す言葉も覚えておくと役立ちます。

例
⊕の気持ち…楽しい・誇らしい・懐かしい・うれしい
⊖の気持ち…悔しい・つらい・恥ずかしい・情けない・心細い

16 気もち(2)

★ 標準レベル

問題 118～119ページ

1
(1) さけびごえ・あげた
(2) **イ**
(3) **ア**
(4) こまった

解説

1
(1)「よろこんで　いる」のはだれかというと、象の仲間たちです。象たちの行動に注目しましょう。傍線部①の直前に、「うれしさに　さけびごえを　あげた」とあります。

(2)「めを　ほそめ」るとは、うれしくてほほ笑むことです。傍線部②の前のパオラの言葉に、「こんなに　よろこんで　いる　なかまたちを　みるのは　なんにちぶりだろう」とあることから、久しぶりの雨に喜んでいる仲間たちを見てうれしいと思っていることがわかります。群れのリーダーになって得意気にしている記述はないので**ア**は正しくありません。昔のことをふり返っているわけではないので、**ウ**は正しくありません。

(3) パオラが山のほうをにらんでいた理由を考えましょう。傍線部③の前に「あめは　いつまでも　はげしく　ふりつづく」とあり、あとに「これは　まずいぞ。このまま　あめが　ふりつづけば、この　かわは　みずが　あふれて　たいへんな　ことに　なる」とあるので、パオラが、雨が降り続いて起こることに注意を向けているのがわかります。山に動物が見えるとは書かれていないので、**イ**は正しくありません。子象がパオラの言うことを聞かずに群れから離れていくのはこのあとなので、**ウ**は正しくありません。

(4) 傍線部④の文とその次の文に着目すると、「こぞうの　パウ」は、群れから離れて、川のほうに向かっていることがわかります。それを見たパオラはどうしたかというと、傍線部④の前に、「パオラが、こまった　かおで　つぶやいた。『あいつ　こんな　ときに……。』」とあります。水があふれそうで危ない川に、パウが近づこうとしているから「こまった　かお」になったのです。

★★ 上級レベル

問題 120～121ページ

1
(1)（例）（先生の）でんわちゅうに、おおさわぎをした
(2) たぬき・やまぐにほいくえん
(3) **ウ**
(4)（例）うれしくてたまらない

解説

1
(1) 傍線部①の前のいわやま先生の言葉に着目しましょう。先生は「しずかに　しなさい！　でんわちゅうですよ」と注意しています。さらにその前を読むと、子どもたちが入口で「たぬきを　かうんだ！」と「おおさわぎ」をしていることが書かれています。そのため先生は厳しい目つきで見たのです。

(2) 小屋を作り直す理由を考えましょう。「なにが」来たのかを探すと、傍線部②の前の先生の言葉の中に「まいごの　たぬき」と書いてあります。「どこに」来たのかを探すと、文章の最後の一文に「やまぐにほいくえんに　おきゃくに　きた」と書いてあります。「やまぐにほいくえん」にきた「まいごの　たぬき」を入れるため、「やぎの　こや」を「たぬきごや」に作り直したのです。

(3) 空欄の前後を確認しましょう。あとの「しっぱなし」とは、その状態が

続いていることを表します。「たけし」のどのような状態が続いていたのかを考えましょう。空欄の前を見ると、「おりがみ」「えを　かく」「そとで　とびはねる」などの、いつもしていることを、「たけし」がしていないことがわかります。さらに前を見ると、たぬき小屋ができるまで、「うろうろうろうろして　いました」とも書いてあります。そこから、たけしが何も手につかず、落ち着かない状態だとわかります。よって、空欄には、落ち着かない様子を表す、**ウ**「そわそわ」が入ります。**ア**「ぬくぬく」は、あたたかくて心地がよい様子、**イ**「いらいら」は、思い通りにならなくて、いらだつ様子、**エ**「こそこそ」は、人に隠れて何かをする様子を表す言葉です。

(4) 子どもたちの気持ちに注目しましょう。傍線部③の次の文に、「たけしたちは　うれしくて　たまりません」と書いてあります。どうしてうれしいのかというと、自分たちの通う保育園に来た「たぬき」を「かう」ことができるからです。

★★★ 最高レベル

問題122～125ページ

1

(1) (例) 大きらいだから。
(2) がんばろう
(3) 1 ビデオ　2 **[い]**
(4) **ウ**
(5) **エ**
(6) (例) ヒーローになったみたいで、うれしい気もち。
(7) **イ**
(8) **ア**

解説

1

(1) 「来週から　水泳が　始まります」と言って、みんなの顔を見る「ゆかり先生」から、「ぼく」は顔をそむけています。傍線部①の直後に「ぼく、林歩夢は　水泳が　大きらいだ」と書いてあるため、それがそっぽを向いた理由だとわかります。「なぜですか」と問われているので、文末は「～から。」という形にしましょう。

(2) 「みんな」の言ったことを読み取りましょう。「また　一位　とろうぜ！」とはりきる「田中正文」くんに、三組のみんなは賛成して「そうだね」「がんばろう！」と言っています。「みんな」は、「クラス対抗全員リレー」に続いて、また一位をとるため、「がんばろう」と意気ごんでいるのです。

(3) 1「クラス対抗全員リレー」についての説明を丁寧に読んでいきましょう。すると、「三組が　一位だった」「みんな　その　興奮から、まだ　覚めきらない」「抜いたり　抜かれたりの　すごい　接戦だった」と書いてあり、クラス対抗全員リレーが三組のみんなにとって、とても盛り上がる出来事だったことがわかります。続きを読むと、「今でも　ビデオを　見て　いるように、頭に　うかぶ」とあります。頭に浮かぶリレーの記憶を、画面に映し出される「ビデオ」の映像にたとえているのです。

2★のところから、「ぼく」はしばらく、クラス対抗全員リレーのときの様子を頭に浮かべています。それがどこまで続くのかを見ていくと、[い]の直後に「『歩夢くん、水泳も　がんばろうね。』頭の　中の　ビデオが　止まった」と書かれています。続く文に「となりの　席の　原みなみちゃんが、ぼくを　見て　笑って　いた」とあることから、「原みなみちゃん」の声で、頭の中でビデオの映像のように思いうかべていたリレーのときの記憶から、我に返ったことがわかります。よって、「原みなみちゃん」が声をかける前の「うれしかった。」までが頭に浮かべているところです。

(4) ここでの「テープを切る」というのは、はさみなどで切ることではなく、一着でゴールすることという意味です。前にいた二人を抜いて、最初に「ゴールに　飛びこんだ」ので、「ぼく」は自分の胸で、ゴールに張られていたテープを切ることができました。

(5) まずは、空欄の前後を確認しましょう。空欄の前には「むねで　切った　テープが」とあり、あとには「宙に　まう」とあるので、空欄にはどのような様子でテープが空中に舞うのかを表す言葉が入ると考えられます。選択肢を一つずつ見ていきましょう。**ア**「どさっと」は、重いものが落ちる様子、**イ**「ぷつりと」は、ひもなどが途中で切れる様子、**ウ**「きらっと」は、一瞬輝く様子、**エ**「ふわりと」は、軽やかに浮かび、漂う様子を表す言葉です。テープは軽いものなので、軽やかに舞う様子を表す**エ**が入ります。

(6)「ぼく」の気持ちが書かれているところを探しましょう。傍線部⑤のあとを読んでいくと、「ぼく」は「頭を　たたかれたり、だきつかれたり」して、「『歩夢くん、すごーい！』『かっこいい！』」などと友達からほめてもらったことがわかります。そのあとに、「ヒーローに　なったみたいで　うれしかった」と書いてあるので、それをもとにして書きましょう。文末は、「～気もち。」となるように気をつけましょう。

(7)「みなみちゃん」は転校生なので、「ぼくが　水泳を　きらいな　こと」をまだ知りません。「水泳も　がんばろうね」と笑いかけているのは、リレーをがんばった「ぼく」が、水泳もがんばることを期待しているからです。リレーのときと同じようながんばりを求めているので、**イ**が正しいです。「みなみちゃん」は「ぼく」が水泳が嫌いなことを知らないため、「ぼく」をはげますこともないので、**ア**は正しくありません。「みなみちゃん」は水泳について自分のことを何も言っていないので、**ウ**は正しくありません。

(8)「あいまい」とは、はっきりしないことです。水泳が大嫌いな「ぼく」は、本当は水泳大会でがんばりたくありません。「あ……。う、うん」と「あいまい」に答えているのは、はっきりとがんばりたくないとは返しにくいためです。よって、**ア**が正しいです。傍線部⑦の直後に、「みなみちゃんは　去年の　秋に……ぼくが　水泳を　きらいな　ことを　知らないんだ」とあるので、「水泳も　がんばろうね」という「みなみちゃん」の言葉を、「ぼく」はちゃんと聞いていたことがわかります。よって、**イ**は正しくありません。水泳大会についてははりきっていないので、**ウ**は正しくありません。

中学入試に役立つアドバイス

登場人物の行動や発言の理由をつかむ

出来事
↓
考え・気持ち　…原因
↓
行動・発言　…結果

登場人物の考えや気持ちは、その前に起こった出来事から影響を受けて生まれます。そして、その考えや気持ちをもとに、行動や発言をします。

よって、なぜそうしたのか、なぜそう言ったのかを理解するためには、行動や発言のもとになった「考え・気持ち」や、その背景にある「出来事」に注目する必要があります。

「原因」と「結果」のつながりを考えながら、行動や発言の前後をよく読み、その理由をつかみましょう。

復習テスト⑥

問題126〜127ページ

1
(1)（例）おちつかない
(2)（例）ゆりちゃんのにこにことわらっている顔を見たから。
(3)（例）「ぐ」だけでうたうと、音が外れにくい
(4) **ウ**

解説

1 (1)「ゆりちゃんち」に行くまでの「あゆみ」の様子に注目しましょう。傍線部①の次の文に、朝から「そわそわして」「おちつかなかった」と書いてあります。「様子。」につながるように言葉の形を変えましょう。

(2) 傍線部②の直前に「わらって いる ゆりちゃんの 顔を 見たら」と書いてあるので、「ゆりちゃん」がにこにこして出迎えてくれたことが、胸のどきどきが少しおさまった理由だとわかります。この問題では、「なぜですか」と理由をたずねられています。理由を説明するときは、文末を「〜から。」という形にしましょう。

(3) 傍線部③の前を見ると、「ゆりちゃん」の「歌詞の かわりに、『ぐぐぐ〜』って、うたうの。音が 外れにくいんだって」という発言に対して、「あゆみ」は「本当？」とたずねています。『ぐ』だけで うたう」と「音が 外れにくい」のだと、「ゆりちゃん」が説明したことについて、本当かどうか疑っているのだとわかります。

(4)「あゆみ」の発言や様子が書かれているところを探しましょう。傍線部④の直後に、「へぇ〜、それで のどが 開くんだ」、「あゆみは 感心しながら ゆりちゃんの 顔を 見つめた」とあります。「あゆみ」は「ゆりちゃん」がのどの開き方を実際にしてみせて説明してくれたことに感心しているので、**ウ**が正しいです。のどはどういう仕組みなんだろうと疑問をもっているわけではないので、**ア**は正しくありません。「ゆりちゃん」と歌の勝ち負けを競っているとは書いていないので、**イ**は正しくありません。

思考力問題にチャレンジ③

問題128〜129ページ

1
(1)（例）からをつっつく音がきこえた
(2) ㋑→㋓→㋒→㋐
(3)（例）たのしみ・（例）ひとりで立とうとする・（例）げんきのいいこでうれしかった

解説

1 (1) まず、傍線部①「はっと しました」の意味を考えましょう。「はっとする」とは、急に気がついたりおどろいたりする様子を表す言葉です。次に、傍線部①のある段落から、「おかあさんペンギン」が「はっと」した理由を探しましょう。傍線部①の前には「コツ……コツ、コツ……コツ」、あとには「ちいさな ちいさな 音が して いる」と書いてあります。つまり、音がきこえたから、はっとしたのだとわかります。傍線部①のあとを読んでいくと、「とうとう、たまごの なかの あかちゃんが、からを つっつきはじめたのです」と書いてあります。この「音」は、たまごのなかのあかちゃんが「から」をつっつく音なのです。

(2) 以下のステップで考えることができます。

思考ステップ1 **★の前後を読み、★の部分のおよその内容を捉える。**

★の㋐〜㋓を正しい順序に並べるためには、★にはだいたいどのようなことが書かれているかを考える必要があります。そのために、★の前後を読みましょう。まず、★の前には、「とうとう、たまごの……つっつきはじめたのです」とあり、これから「あかちゃん」が生まれようとしているというこ

とがわかります。次に、★のあとには「おかあさんは、くちばしで、ぼうやを　立たせて　やろうと　しました」とあり、「あかちゃん」がほとんどたまごの外に出てきたことがわかります。このことから、★の部分には、「あかちゃん」がからをつっついてからたまごの外へ出てくるまでのことが書かれているとわかります。

思考ステップ2　手がかりになる表現から、順序の見当をつける。

正しい順序に並べるために、手がかりとなる言葉や表現を見つけましょう。「あかちゃん」がたまごの外へ出てくる様子に着目すると、㋐には、「はねを　ひろげ」「ちいさな　足を、もじもじさせ」とあります。㋑には、「コチンと　ひとつ、われめが　できて、かわいい　くちばしが、のぞきました」とあります。㋓には、「あたまが、ひょっこり、そとへ　かおを　だした」とあります。これらのことから、「くちばし」が出てきた㋑よりも「あたま」が出てきた㋓があとで、「はね」「足」が出てくる㋐はさらにあとにくると考えられます。ただし、この段階では㋒がどこに入るのかははっきりしません。

思考ステップ3　★の前後と★をつなげて読み、順序を確定する。

㋒がどこに入るのかを考えましょう。㋒の「たまごの　そとは、さむいなあ」という言葉は㋓の「くしゃみを　しました」という言葉とつながるのではないかと推測できます。また、㋒の後半には「それでも　ぼくは、出ていかなくちゃあ」とあるので、あとに「あかちゃん」が体を外に出そうとする記述がくることが考えられます。以上のことから★の中は㋑→㋓→㋒→㋐の順に並ぶことがわかります。最後に、★の前から★のあとまで通して読んでみましょう。すると、㋐の最後の「足を、もじもじさせました」と★のあとの「おかあさんは、くちばしで、ぼうやを　立たせて　やろうと　しました」も無理なくつながることがわかります。

(3) 以下のステップで考えることができます。

思考ステップ1　傍線部と問題文をよく読む。

傍線部②には「にっこりしました」とあり、問題文には「なぜ　にっこりしたのですか」とあります。ここから、「おとうさんペンギン」がにっこりした理由を答えることがわかります。また、「あかちゃんが　生まれる　まえの、おとうさんの　気もち」も書くように指示があるので、「おとうさんペンギン」の気持ちが読み取れる箇所を探してまとめる必要があることがわかります。

思考ステップ2　「気もち」が読み取れる箇所を探し、「気もち」を表す表現を考える。

まず、「あかちゃんが　生まれる　まえの」「おとうさんペンギン」の「気もち」がわかる箇所を探しましょう。第二段落に、「おとうさんペンギンと……たまごを　だいて、あかんぼうペンギンの　出て　くる　日を、いまかいまかと　まちました」とあります。「いまか　いまか」とは、ある物事が起きるのを待ちのぞむ気持ちを表す言葉です。ここから、「おとうさんペンギン」が「あかちゃん」が出てくるのをたのしみにしていたことがわかります。

思考ステップ3　「理由」に該当する箇所を探し、理由の形にまとめる。

次に、「おとうさんペンギン」が「にっこりした」理由を考えましょう。「にっこり」するのはどんなときかというと、うれしいときや喜んでいるときだと考えられます。それをふまえて傍線部②の前を読むと、「なんて、げんきの　いい、ぼうやだろう」とあります。ここから、「ぼうや」が「げんきの　いい」ことがうれしいのだとわかります。また、三つめの解答欄の前に「のを　見て」とあるため、あかちゃんのどのようなところが元気がいいと思ったのかをさらに読み取りましょう。ぼうやの行動や発言に注目すると、「いいの。ぼく、ひとりで　するよ」という言葉が見つかります。ひとりで「なに」をするかというと、お母さんが「ぼうや」を「立たせて　やろう」としたときに、「ぼうや」は「ひとりで　する」と言っているので、ひとりで立つということだとわかります。その様子を見て、「おとうさんペンギン」は「げんきの　いい、ぼうやだ」とうれしかったのです。

■4章　せつめい文の　よみとり

17 わだい(1)

★ 標準レベル

問題 130～131 ページ

I
(1) からだ
(2) は
(3) **ア**
(4) **ウ・エ**
(5) つながって

解説

I (1) 文章の話題を答える問題です。話題を捉えるには、文章中に何回もくり返して出てくる言葉に着目します。この文章では、「からだの　おおきさ」「ひとの　からだ」「こどもの　からだ」などのように、「からだ」という言葉がくり返し出てきます。赤ちゃんが大人と同じ体の大きさになっていくまでの様子や、人にはつながりがあり、つながっている子どもと両親や祖父母はどこか体に似ているところがあることが述べられています。問題文を見ると、「人間の□に　ついて」というぬき出しの形で出題されているので、空欄には「からだ」が入るとわかります。ぬき出しの形の問題のときは、言葉をあてはめて読んでみて、空欄の前後のつながりが不自然でないかどうかも確認しましょう。

(2) 傍線部①の前に「うまれたばかりの　あかちゃんは、どんどん　おおきく　なって　いく」とあり、傍線部①を含む一文に、「あるきはじめる　ころには、はも　はえて」とあります。

(3) 傍線部②を含む一文を初めから読むと、「4さいくらいに　なると、からだの　おおきさは　うまれた　ときの　ばいにも　なって　いる」とあり、「からだの　おおきさ」についての話だとわかります。「なにが　ばいに　なるのですか」と問われているので、**ア**の「からだの　おおきさ」が正解です。

(4) 「一ねんせい」では、「からだつき」は「だいぶ　おとなに　にた　かっこう」になると述べられています。また、「おとなと　おなじ　おおきさになるのは　15さいくらい、ちゅうがくせいの　ころだろう」とあります。

(5) 傍線部⑤の文全体を見ると、「だから、こどもの　からだは　おとうさんや　おかあさん、おじいちゃんや　おばあちゃんと　どこか　にて　いるところが　ある　ものだ」とあり、文の初めの「だから」に注目します。「だから」は、前に述べたことが、あとに述べていることの理由になっていることを表す接続語です。前の内容は人が死ぬまでの間に、「こどもを　つくり、その　こどもが　また　こどもを　うんで、ひとと　ひととは　つながって　いく」とあり、ここからあてはまる言葉を探しましょう。説明した文を完成させるぬき出しの問題では、ぬけている言葉以外の部分がヒントになります。ここでは、「ひとと　ひととは」が文章中にもある言葉なので、文章中で続く言葉に注目すると、「つながって　いく」が見つかります。

★★ 上級レベル

問題 132～133ページ

I

(1) たね・ね
(2) (ア)→**エ**→**イ**→**ウ**
(3) (例)(地ちゅう深く)のびている
(4) (例)日光をうけた
(5) 水分

解説

I

(1) この文章は、「たね」をまき、それから「ね」が伸びてくる様子を順を追って説明しています。「たね」をどのようにまくか、そこから伸びる「ね」はどのように伸びて、どんな役目をしているのかが書かれています。問題文を読むと、「□の　まきかた」と「□の　様子」とあるので、それぞれ「たね」と「ね」があてはまることがわかります。問題文で指定された字数もヒントにしましょう。

(2) 「土に　たねを　まきましょう」に続く、二つの段落でどのようにまくかが説明されています。

「ゆびで　土に　小さな　あなを　あけ」る
↓
「その　なかに、かたい、よい　たねを　えらんで、ひとつぶずつ　おとします」
↓
「かるく　土を　かぶせます」
↓
「じょうろで　水を　まいて　やりましょう」

という手順です。**ア**の「ゆびで　土に　小さな　あなを　あける」は、一番初めの手順としてすでに問題文で示されています。ここからつながるように、**イ**・**ウ**・**エ**を正しい順番に並べましょう。

(3) 「これが　ねです」とあるので、「これ」が指す内容を読み取れば、「ね」がどのように説明されているかわかります。指示語が指す内容はたいてい前にあるので、直前の文に注目すると、「まいた　ときには　なかった　白い　ものが、たねから　地ちゅう　深く　のびて　います」と書かれています。与えられた問題文は、「たねから［　　］白い　もの」となっているので、直前の文から、「たねから」どうなっている「白い　もの」が「ね」なのかを読み取り、空欄にあてはまるように書きます。

(4) 傍線部③を含む段落の初めの二文から、ねのうち、土から地上にでている部分だけが赤みを増してきたことがわかります。また、そのことを傍線部③の直後で「これ」と言いかえており、「これは」で始まる一文で、変化が起こった理由を説明しています。「これは、その　ぶぶんだけが　日光を　うけて、なにか　へんかが　おこって　いる　ためです」とあるので、その内容を解答欄の前後につながる形でまとめましょう。

(5) 問題文をよく読みましょう。「根毛は　なにを　すいこむ　やくめを　して　いますか」と問われています。「なに」の部分を答えればよいことがわかります。傍線部④の直後に、「根毛は……」から始まり、「……を　すいこむ　やくめを　して　いるのです」で終わる一文があります。この一文から、「そだつのに　たいせつな　水分と、それに　とけて　いる　養分を　すいこむ　やくめ」であることが読み取れるので、ここから「なに」にあてはまる、必要な言葉をぬき出すと、「水分」と「養分」となります。

★★★ 最高レベル

問題 134～137ページ

1

(1) プラスチックごみ
(2) イ
(3) じょうぶ
(4) ア
(5) イ
(6) (例) 石油からできている
(7) ア

解説

1 (1) 第一・二段落で、「世界中の　ごみ」について、量が多いことや、年々さらに量が増えていることを述べています。そして、続く第三段落で、「ごみの　中でも、特に　プラスチックごみが　問題に　なって　います」と、さらに中心になる話題について取り上げています。第四段落からあとは、プラスチックごみについての説明が続き、最終段落で私たちがごみについてどう向き合うべきかについての考えが結論として述べられています。文章全体を通しても、「プラスチックごみ」という言葉はくり返し何回も登場します。

(2) 傍線部①を含む一文を読んで、「世界中の　ごみ」がどう処理されているかをまとめましょう。「世界中の　ごみ」が、「地中に　うめる、リサイクルするなど　いろいろな　方法で　処理」されていることが読み取れます。**イ**の「川や　海に　流す」はごみの処理方法として書かれていません。

(3) 問題文に「よい　とくちょう」とあることに、注目します。プラスチック製品は「海や　土の　中では　分解されず、500年も　残って　しまう」なども「とくちょう」ですが、「よい　とくちょう」ではありません。「軽く、じょうぶ、便利」という「よい　とくちょう」があるから、プラスチック製品は、私たちの生活になくてはならないものになったのです。「軽い」「便利」はすでに問題に書かれているため、「じょうぶ」があてはまります。

(4) 傍線部③の直後に具体的に「こまった　こと」が何を指しているかが書かれています。

(5) レジ袋を含むプラスチックごみが、人やほかの生きものにとってこまったものになる理由は、傍線部④の直前の二段落に書かれています。人にとっては、「海岸に　おしよせ、漁業の　じゃまに　なり、また　美しい　砂浜を　よごして」しまうこと、ほかの生き物にとっては、「クラゲのように」見えて、「エサと　まちがえて」飲みこんでしまい、「弱って　死んで　しまう　こと」が、こまったものになる理由です。そのため、あてはまらないのは、**イ**です。

(6) 傍線部⑤の次の段落に注目しましょう。マイクロプラスチックは石油からできているため、体に入るのは、いいことではないのです。

(7) 文章の最後の段落に、「わたしたちは　ごみを　ぽいすてしない、そして、できるだけ　リサイクルできる　ものを　使う　ことを　頭に　入れて　おかなくては　なりません」とあり、ごみをぽいすてしないこととリサイクルできるものを使うことをすすめている内容なので、**ア**と一致します。**イ**は、第四段落の最後の一文と合いません。プラスチック製品が使われているレジ袋、ペットボトル、食品のトレイ、ストローなどは、生活になくてはならないものになりましたが、「使い終わると　すてられて　しまいます」とあります。この点が、**イ**の「使い終わると　すべて　リサイクルされる」と異なります。**ウ**は文章中の、2050年には海に流れこむプラスチックごみの量が、海にいるすべての魚の量を上回るという予想と合いません。

18 わだい(2)

★ 標準レベル

問題 138～139ページ

I

(1) じゃがいも

(2) **ウ**

(3) はっぱでつくられたえいよう

(4) **ア**

解説

I

(1) この文章は、じゃがいもが芽を出すところから始まり、育ててみて、たねいもから芽や根や葉が出て、伸びていく様子を説明しています。その一連の流れは、じゃがいもが育っていく様子を表しているので、ぬき出す言葉は、「じゃがいも」です。この問題のような何の話題について書かれた文章かを答える問題では、文章全体を読んで、くり返し出てくる言葉に注目すると、答えやすいでしょう。この文章の場合は、くり返し出てくる言葉は「じゃがいも」です。また、「め」「ね」「はっぱ」も複数回出てきますが、どれも「じゃがいも」の説明をするために、部分の名前として用いられており、あくまで話題の中心は「じゃがいも」です。

(2) 「めを　だすのです」を含む一文を、初めから読むと、「つちに　うえたり　みずを　やらなくても　じゃがいもは　じぶんの　なかに　ある　えいようで　めを　だすのです」とあります。芽を出すために、必要なものは、「じぶんの　なかに　ある　えいよう」であり、「じぶん」とは、ここでは「じゃがいも」を指しています。よって、**ウ**の「じゃがいもの　なかの　えいよう」が正解です。**ア**の「つちに　うえる　こと」、**イ**の「みずを　あげる　こと」は、「つちに　うえたり　みずを　やらなくても」じゃがいもは芽を出すと書かれているので、どちらも必要のないものとわかります。

(3) 問題文を丁寧に読んで、取り組みましょう。「たねいもの　えいようと　なにを　つかって　のびて　いますか」とあるので、根が伸びるために使っているものを、文章中から探します。傍線部②の直前を読むと、「はっぱで　つくられた　えいようと　たねいもの　えいようを　つかって」と書かれている部分があります。根が伸びるのに使っているのは、「はっぱで　つくられた　えいよう」と「たねいもの　えいよう」の二つです。「えいよう」だけではなく、どんな「えいよう」かもぬき出しましょう。

(4) 文章の内容と合う選択肢を選ぶ問題です。不正解の選択肢でも、すべてが間違えているものばかりではなく、一部分は文章の内容と合っていて、一部分だけ間違えているというものもよくあります。選択肢はそれぞれ最後までよく読んで、どの選択肢の内容がすべて合っているか、丁寧に読み取りましょう。**ア**は、第七段落の、「じゃがいもの　はっぱは　たいようの　ひかりを　うけて　えいようを　つくりはじめます」の内容と合っているので、**ア**が正解です。**イ**は、第四段落に、「そだてて　しゅうかくする　ための　もとに　なる　じゃがいもを　たねいもと　いいます」とはありますが、「たねいも」が「とくべつな　えいようを　あたえられた　じゃがいも」だとは書かれていないため、文章の内容と合いません。**ウ**は、初めの一文にある「ほった　じゃがいもを　そのまま　なんにちも　おいて　おくと、じゃがいもは　めを　だします」という内容と合いません。「へんかしない」と、「めを　だします」という部分が異なるからです。

★★ 上級レベル

問題 140～141 ページ

I
(1) たべる・てき
(2) (例) かたちやにおいではなく、うごきをたよりにしているから。
(3) とらえる
(4) やくにたつどうぶつ・おそろしいてき

解説

I
(1) 文章の第一～九段落では、カエルが何を食べるか、どのように食べるか、ということが説明されています。よって、最初にぬき出す言葉は「カエルが」と「生きもの」の間にあてはまる言葉であり、「三字」と問題文で指定されていること、また、カエルのほかの生き物は、カエルがどうする存在として挙げられているかを考えると、「たべる」が適切です。次に、第十・十一段落では、食べる立場だったカエルが、今度は反対に食べられる立場として説明されています。「小さな　虫たちに　とっては、カエルは　おそろしい　てき」ですが、カエルも「おそろしい　てきに　ねらわれて　います」とあります。二つ目の空欄は二字でぬき出すので、「カエルを　ねら」うのは「てき」があてはまります。カエルという生き物が、食べる側にも食べられる側にもなるということが文章全体を通して述べられているのです。

(2) 「カエル」が「しんで　しまったり、うごかない　虫」に「みむきも　しない理由を考えます。その理由は、傍線部の次の一文で「きっと、えものをさがすのは、かたちや、においでは　なく、うごきに　よってなのでしょう」と述べられています。これをまとめて、「カエルが　えものを　さがすときは、」に続くように書きましょう。「なぜですか」と問われているので、「～から。」という文末になるようにしましょう。「うごきによってから」ではおかしいので、「うごきによるから」「うごきによるものだから」などの形にします。

(3) ★の各段落に書かれている内容を読み取って、考えましょう。第六段落は、虫がカエルのそばを通ると、パクッと食べられるという内容です。第七段落は、小さい虫を捕らえるときは、カエルはねばねばした舌を使うこともあるという内容です。第八段落は、第七段落の内容を受けて、舌を伸ばしすぎてあわてるカエルもいるという内容です。三つの段落とも、カエルが虫をつかまえるときのことを述べていることがわかります。「つかまえる」と同じ意味の言葉を文章中から四字で探すと、「とらえる」があてはまります。字数を指定したぬき出し問題では、字数が足りなかったり、多すぎたりしないように気をつけて、文章通りの言葉でぬき出すようにしましょう。

(4) カエルが人間や小さな虫たちにとって、それぞれどんな生き物なのかについては、第九段落と第十段落に書いてあります。一つずつ見ていきましょう。まず、第九段落に「カエルは、田や　はたけを　あらす　虫を　とってたべて　くれる、やくに　たつ　どうぶつです」と述べられています。田やはたけは人間がつくっているものなので、カエルは「人間に　とって」「やくに　たつ」と考えられていることがわかります。次に、第十段落を読むと、「小さな　虫たちに　とっては、カエルは　おそろしい　てき」と書いてあります。問題文に「どんな　生きものですか」とあるので、「やくに　たつ」や「おそろしい」だけでなく、「生きもの」にあたる、「どうぶつ」、「てき」までを含めてぬき出しましょう。

★★★ 最高レベル

問題 142～145 ページ

1
(1) 電気・音・光（音と光は順不同）
(2) **イ**
(3) (例) けむりやすすが、空気をよごす
(4) **ア**
(5) めぐみ
(6) (例) 長い年月がかかっている
(7) (例) 森をへらし、水や空気をよごしつづけている
(8) **ア**

解説

1 (1) この文章では、人々がさまざまな仕組みを発明し、その仕組みを使って便利な機械を作っていく歴史が説明されています。その仕組みがどのようなものかを読み取り、空欄にあてはまる言葉をそれぞれ指定字数でぬき出しましょう。エンジンについては第一段落に「火を　つかって　ものを　動かす」仕組み、発電機については第五段落に「電気を　つくりだす」仕組み、電話やテレビについては第六段落に「音や　光を　電気信号に　おきかえ、遠くまで、すばやく　つたえる」仕組みと書かれています。一つの段落にまとめて書かれているわけではないので、根気よく探していきましょう。

(2) 傍線部①の直後に、「大むかしの　海の　そこに、たくさんの　微生物が　つもって　できた」と石油のでき方が述べられています。「なにで　できたと　考えられて　いますか」と問われているので、**イ**の「たくさんの　微生物」が正解です。

(3) 傍線部②の直後の文に、「こまった　こと」の具体的な内容が書かれています。「石炭や　石油を　燃やす　ときに　出る」という書き出しに続くように、また、「～こと。」という文末に合うようにまとめます。

(4) 傍線部③の前の段落と傍線部③の段落を丁寧に読みましょう。暮らしになくてはならない電気は、タービンという大きな装置を回して作られると説明されています。現代では燃える火を身近に見ることは少なくなりましたが、みんなが使う電気をつくっているタービンは「水や　風の　力、それから、石炭や　石油、天然ガスなどの　燃料を　燃やした　熱」、つまり「火」で回っています。よって、直接目にはしないけれど間接的に「火」は今も私たちの暮らしの中にあるのです。その内容と合うのは**ア**です。

(5) 傍線部④の段落を読みましょう。まず、「水や　空気、石炭や　石油など」は、「電気を　うみだす」ものです。直前の一文で、「電気も、火と　おなじように、自然の　めぐみから　つくられて　います」と、「電気を　うみだす」ものを、「自然の　めぐみ」と表現しています。字数指定のぬき出し問題なので、字数も確認しましょう。

(6) 「それ」は傍線部⑤の直前の一文を指しています。その内容をふまえて、解答欄の前後につながる形で答えましょう。

(7) 傍線部⑥の直前に着目しましょう。人間は、便利な暮らしのために、水や空気を汚し、生き物が暮らす森を減らしてきました。このまま人間が「森を　へらし」ていけば、ますます森に生きる生きものが暮らしにくくなっていきます。また、「水」や「空気」をもっと「よごして」いけば、人間自身も病気になったり、生活に必要な電気をつくりにくくなったりしていくと考えられます。

(8) この文章は、人間の発明と、それによる地球への影響について述べられています。人間の発明は、私たちの暮らしを便利にしましたが、森を減らし、水や空気を汚すことで、すべての生き物が暮らしにくくもなっています。ほかの生き物と共にずっと地球で暮らしていくために、「世界中の　人たちと　いっしょに　考えれば、きっと　地球を　大切に　する　道」を見つけられると書かれています。このことが書かれた**ア**が正解です。

復習テスト⑦

問題146～147ページ

1
(1) たね
(2) 風
(3) (例) いろいろなところで出す
(4) ウ

解説

1
(1) この文章は、前半はタンポポの種はわた毛についていることや、風に乗って飛んでいった先で種が地面に落ちて根や芽を出すこと、そして、タンポポの種が風に乗って飛んでいく理由について説明しています。後半は、タンポポのように風に乗って飛ぶ種がたくさんあることを、例をいくつも挙げて、具体的に説明しています。タンポポと同じように、わた毛で飛んでいく種として、「アザミ」と「チガヤ」。はっぱといっしょに風に乗って飛んでいく種として「ケヤキ」。そして、プロペラのような羽のつけ根に種が入っていて、そのプロペラで風に乗って飛んでいくイロハモミジなどです。文章全体を通して、タンポポやタンポポと同じように飛んでいく種のことを述べているので、空欄には「たね」があてはまります。

(2) 傍線部①「いっしょに　とんで」いくのは、「わた毛」と「たね」です。なぜ、わた毛と種がいっしょに飛べるのかについては、文章の初めの、「わた毛は　ふんわり　広がって　いて、風を　うけやすい　形です」というわた毛の特徴から読み取ることができます。「わた毛」が「ふんわり　広がって　いて、風を　うけやすい　形」だから、わた毛と種は、風に乗っていっしょに飛んでいくことができるのです。よって、空欄には「風」があてはまります。

(3) 「たび」をするとは、タンポポの種が、風に乗って飛ぶことです。そこで、何のために種は飛ぶのか、について読み取りましょう。傍線部②の前に、「タンポポの　たねは、どうして　風に　のって　とんで　いくのでしょう?」という問いかけの文があり、その直後に、「いろいろな　ところで　芽を　出す　ため」とあります。つまり、「いろいろな　ところで　芽を　出す　ため」に、「タンポポの　たね」は「風に　のって　とんで　いく」のです。問題は「芽を」がすでに書かれているため、空欄には〝いろいろなところで出す〞があてはまります。

(4) 「アザミ」「チガヤ」「ケヤキ」「イロハモミジ」の四つの具体例が、何のために提示されているのかを考えます。これらの言葉に共通するのは、同じことを説明するための具体例として挙げられた植物である、ということです。まず、「アザミ」と「チガヤ」について述べられている段落の初めの一文は、「タンポポのように　風に　のる　たねは、たくさん　ありますよ」と読み手に語りかけるような文です。こうして話題を提示したあとに、「たくさん」あるという、「風に　のる　たね」の具体的な説明が続いていきます。この具体的な説明に使われているのが、「アザミ」「チガヤ」「ケヤキ」「イロハモミジ」の種なのです。つまり、この四つの植物の種や実を挙げることで、タンポポのように風に乗る種がたくさんあることを、わかりやすく説明しているのです。ここから、選択肢**ア**～**ウ**の中で、**ウ**の「遠くまで　とぶ　植物が　タンポポの　ほかにも　ある　こと」が正解とわかります。**ア**「ケヤキ」と「イロハモミジ」には、種にわた毛はついていないので間違いです。**イ**は、プロペラのような羽があるのは「イロハモミジ」だけで「アザミ」「チガヤ」「ケヤキ」にはあてはまらないので間違いです。

19 大切な ところ(1)

★ 標準レベル

問題 148～149ページ

1
(1) みず・すいじょうき
(2) つめたい
(3) a おおきく b おもく c うかんで

解説

1
(1) 「そらに うかんで いる くもは なにから できるのだろうか」と読み手に問いかける形で、問題提起がなされています。この問いかけに対する答えが書かれている部分は、文章中で大切な部分になるので、正確に読み取りましょう。この問題は、問いかけへの答えになる文をぬき出して、答えの文を完成させるという形式です。この形式の問題では、ぬき出しの空欄の前後の部分に注目します。文章中で同じような表現が見つかれば、その近くにぬき出す正解となる言葉があることが多いからです。傍線部①の問いかけの文を含む段落の、すぐあとの段落に、「くもの もとは みずで ある。みずが あたためられると すいじょうきに なり、うえへ のぼって ゆく」とあります。この部分は完成させる答えの文の「くもの もとで ある □が、あたためられて □に なり、うえに のぼった もの」と、よく似ていることがわかり、字数も合うので、二字の部分には「みず」が、六字の部分には「すいじょうき」がそれぞれあてはまります。

(2) あたためられて上にあがった水蒸気は、空で水のつぶになるが、それはなぜかを問われています。「すいじょうきは ひえて」と傍線部②の直前にあるので、なぜ冷えるのかを読み取りましょう。さらに前を読むと、「うえに あがった すいじょうきが そら たかく のぼって ゆくと そらの うえは つめたいので」とあります。「ので」は理由を表す言葉で、「そらの うえは つめたい」ことが、水蒸気が冷える理由であることがわかります。字数もヒントにして、正確にぬき出しましょう。「なぜですか」と理由を問う問題では、「から」や「ので」などの理由を表す言葉が文章中にあるか注意して読むようにしましょう。

(3) 傍線部③を含む一文は、「それが あめで ある」とあり、「それ」が指す内容が「あめ」の説明なので、その内容を捉えます。指示語が指す内容は前にあることが多いので、「それ」の前に注目します。前の段落から、「ちいさな みずの つぶが たくさんに なると たがいに くっついて おおきな みずの つぶと なる」→「みずの つぶが おおきく なると おもく なる」→「おもく なると うかんで いる ことが できず したへ おちて くる」と、水のつぶが下へ落ちるまでを順に説明しています。「それ」が指しているのは、〝重くなると浮かんでいることができずに下へ落ちてくる、水のつぶ〟です。また、「それが あめで ある」の直後の一文でも、「あめ」についてまとめられており、「あめは くもの ちいさな みずの つぶが あつまって、そらの うえから おちて きた ものなのだ」と、簡潔な一文で雨を説明しています。それぞれ、指定された字数や、解答欄前後の言葉のつながりに注意してぬき出しましょう。また、問題に「あめは どのような ものですか」とあるので、「くも」や「すいじょうき」の説明にならないようにしましょう。

★★ 上級レベル

問題 150〜151 ページ

1
(1) おどかし
(2) ちえ
(3) イ
(4) (例) 長い口ばしで、あっというまにほりおこしてしまうところ。

解説

1

(1) 「アカテガニ」が、敵におそわれたときどうするかという問いなので、文章中で「アカテガニ」について書かれている部分を探し、そこから読み取ります。「アカテガニ」については、第二〜四段落で、敵にどのように対応するかが説明されています。第二段落の一文目に「アカテガニの　武器は、大きな　ハサミです」とあり、武器という敵に用いるものが「大きな　ハサミ」であるとわかります。「大きな　ハサミ」を用いて、「アカテガニ」がどのように敵に対応するか、具体的な説明は二文目以降にまとめられています。「ハサミを　ふりあげ、あいてを　おどかします。それでも　にげない　ときは、あいての　からだを　強く　はさみます」というように、「大きな　ハサミ」を用いておどかしている様子がわかります。ぬき出す言葉は「四字」と指定されているので、字数も確認しましょう。

(2) 問題文には「強い　ハサミを　もって　いない　カニは、どんな　ことを　して　自分の　身を　まもって　いますか」とありますが、傍線部②を含む文の、「アカテガニのように、強い　ハサミを　もって　いない　カニは　どう　するでしょう」が問題文と同様の内容になっています。その文がどのように敵に対応しているかについての問いかけになっているので、そのあとの文章から、問いかけへの答えを探します。ぬき出しの文にある「おもしろい　□を　はたらかせ、敵を　あざむく」は、第五段落の「それぞれ、おもしろい、ちえを　はたらかして、敵を　あざむき」とよく似た表現なので、第五段落の内容に注目します。この部分から何を「はたらかせ」て「敵を　あざむ」くのかぬき出します。

(3) イソクズガニやモクズショイの身のまもり方は、傍線部③の段落に「イソクズガニや　モクズショイは、自分の　まわりに　はえて　いる　海そうを、一本ずつ　ハサミで　切りとり、せなかに　のせる」と書かれています。この内容に合う選択肢は、**イ**の「まわりの　海そうを　せなかに　のせる」です。**ア**の「砂の　中に　かくれる」カニについては、「ツノメガニ」と「シオマネキ」が挙げられており、「イソクズガニや　モクズショイ」のことではありません。**ウ**の「ハサミを　ふりあげる」カニは、「アカテガニ」です。したがって、正解は**イ**です。

(4) 「いちばん　おそろしい　敵」とは、ここでは、「シギなどの　海鳥たち」を指します。傍線部④の直後に、「長い　口ばしで、あっと　いう　まに　ほりおこされて　しまいます」とあり、砂の中に隠れたり、逃げ込んだりしているカニにとっては、この敵が安全なはずの場所からいきなり掘り起こすところが大変おそろしいところだとわかります。「どんな　ところが　おそろしいのですか」と問われているので、文末は「〜ところ。」という形にしましょう。

★★★ 最高レベル

問題 152～155ページ

1
(1) **イ**
(2) (例) カマキリが、アカタテハをねらっている
(3) (例) カマキリが、アカタテハをつかまえたから。
(4) ハンター・ほんりょう
(5) **ウ**　(6) **イ**　(7) **ア**

解説

1 (1) 傍線部①を含む一文を読むと、「カマキリは、置物のように　じっと　して、うごきません」とあります。「ように」という言葉は似たものにたとえるときに使う言葉です。カマキリがじっとして動かない様子を、「置物」にたとえています。

(2) 「その　ようす」の、「その」という指示語が何を指しているかを読み取ります。指し示す内容は、指示語より前にあることが多いので、「その」より前から探します。直前の文に、「カマキリは、アカタテハを　ねらっている」と書かれています。「ぼく」は、カメラをにぎりながら、カマキリがアカタテハをねらう様子を見つめているのです。「なにが、どう　して　いる　様子か」と問われているので、問題に合わせて、「カマキリ」が「アカタテハを　ねらって　いる」という要素を入れて、答えをまとめましょう。

(3) 「音」がした原因は何かを読み取ります。傍線部③の二文あとに、「カマキリが、アカタテハを　かまで　しっかりと　つかまえて　いたのです」と、「パサッ」という音がした原因が書かれているので、この部分をまとめます。〝カマキリが、アカタテハをつかまえようとして動いたから。〟などと答えていてもよいです。

(4) カマキリがアカタテハをつかまえる様子を見て、つばを飲みこんだ「ぼく」の思いは、直後に「カマキリの、ハンターと　しての　ほんりょうを　見た思いです」と述べられています。

(5) 「かま」についての説明が、傍線部⑤よりあとで書かれています。文章には「先の　細い　部分の　歯は、体の　内がわに　むかって　はえて　います」とあるので、**ウ**の「体の　外がわに　むけて　はえて　いる」の、「外がわ」の部分が間違えています。

(6) 直後に、「この　爪で、つかんだ　えものを、しっかりと　抱きかかえます」とあります。カマキリは爪を、えものを抱きかかえるのに使うのです。

(7) カマキリがアカタテハをとらえて食べる様子や、それを見て「ぼく」がカマキリを「ハンター」だと思ったこと、また、「いちばんの　特徴は、その　大きな　かま」と説明されていることから、**ア**が文章の内容に合っています。**イ**は「アカタテハを　カメラで　とるのは　とても　むずかしい」とは、文章中で述べられていません。**ウ**は「アカタテハは　すばやいので　つかまえられない　ことも　ある」の部分が文章中で述べられていません。文章の内容に合う選択肢を選ぶときは、間違ったことが書かれているだけでなく、文章で述べられていないことを書いた選択肢も除外しましょう。

中学入試に役立つアドバイス

要点をつかむ

○要点…その段落の中で、中心になる大事なこと。

○要点のつかみ方
文章中でくり返される言葉は、キーワードとなる重要な言葉である可能性が高いです。筆者の考えや意見が書かれた文を探し、各段落や文章全体の中心になっている文を見つけましょう。

20 大切な　ところ⑵

★標準レベル　問題156～157ページ

1 ⑴ さくせん
⑵ **ア**
⑶ えいよう・そだてて

解説

1 ⑴「たくさん　はっぱを　たべて、おおきく　なった　アゲハの　ようちゅう」は、葉っぱとそっくりな色に「へんしん」して、「たべられない」ようにしているのです。傍線部①の内容を、その次の文で敵に「たべられないための　さくせん」と言いかえています。

この問題のような、言いかえの表現を探す場合は、前後の文脈をよく読んで、共通の内容が記されている箇所を探します。言葉そのものや言い回しが似ているわけではない場合もあるので、内容を読み取って判断しましょう。

⑵「いただきます、ごちそうさまが　くりかえされる」の前には「こうして、ちいさな　むしから　おおきな　いきものまで」とあります。「こうして」が指す内容が、「いただきます、ごちそうさまが　くりかえされる」ことについて具体的に説明していると考えられるので、その内容を「こうして」の直前までの文章から読み取ります。直前までの文章では、アゲハ→カマキリ→クモ・ヒキガエル→カラス→オオタカと、より大きく、強い敵にねらわれ、食べられていく様子が書かれています。そして、強いオオタカも死んだあとは、「ちいさな　いきものたちの　ごちそうに」なり、生き物たちの「したいも　うんちも、おちばも、じめんに　いる　ちいさな　いきものに　たべられて　さいごは　えいように　かえられる」のです。このような、「ちいさな　むしから　おおきな　いきものまで」、食べたり食べられたりして、すべての生き物がつながっていることが、「こうして」の指す内容です。このことを適切に説明している選択肢は、**ア**の「いきものは　たべたり　たべられたりして　いのちを　つないで　いる」になります。**イ**はオオタカは自分より強い敵に食べられるとは文章中で書かれていないので、あてはまりません。**ウ**は「おおきな　いきもの」であるオオタカも死んだあとは「ちいさな　いきもの」に食べられて「えいように　かえられる」と述べられているので、「えいように　ならない」の部分が間違いです。

⑶ 文章の大切なところをまとめた問題です。この文章では具体例が多く使われていますが、具体例は何を説明するために出されているのかを考え、筆者が主張したいことを捉えましょう。

・第一段落…虫は、食べられないために色を変えることがある。
（例）アゲハの幼虫
・第二段落…敵も、虫たちを必死で見つけだす。
・第三段落…虫が大人になるまで生きのびるのは難しい。
（例）カマキリにおそわれるアゲハなど
・第四段落…生き物は別の生き物に食べられ、強い生き物も死んだあとは地面にいる小さな生き物に食べられる。
（例）ヒキガエルに食べられるカマキリ、地面にいる小さな生き物に食べられるオオタカなど
・第五段落…地面にいる小さな生き物たちが作った栄養は植物やたくさんの生き物を育てていく。
・第六段落…小さな虫から大きな生き物まで、食べたり食べられたりすることで命がつながっている。

文章のうち最も大切なところが第六段落で述べられていますが、段落の最初の「こうして」がそれより前の内容を指していることもふまえ、空欄にあてはまる言葉を探しましょう。

★★ 上級レベル　問題 158〜159 ページ

1

(1) a重い　b足　c力

(2) （例）たおれまいとするとくちょうがある・（例）さまざまなくふうがしてある

(3) a二本足　b立つ　cバランス

解説

1 (1)「すぐれた　のりもの」である自転車の、どんなところがすぐれているのかを、二つ答える問題です。どんな人が乗っても楽に走るのかと、何だけで走るのかを、それぞれぬき出しましょう。第一段落では、自転車がどんな乗り物なのかについてくわしく説明しています。

・自転車は、ちょっと見ると、きゃしゃな手作り機械といった感じである。

・どんなに重い人が乗っても、らくらくと走れる。

↓乗り手と、100キログラム以上の荷物を積んで、時速約20キロメートルで走れる自転車もある。

・走るために必要なエネルギーは、乗る人の足の力だけ。

以上のことから、自転車はほかのどんな機械もまねのできない、すぐれた乗り物だといえる。

(2)「なぜ　走ると　たおれにくく　なるのでしょう」という問いかけに対する答えを読み取ります。点線で囲まれた段落のうち一つ目で、「自転車にも、走って　いる　ときに　たおれまいと　する　性質が　あります」という、問いかけに対する答えが書かれています。また、二つ目の段落では、「たおれにくいように　さまざまな　くふうが　して　あります」という、問いかけに対するもう一つの答えも書かれています。

(3) この文章の話題の中心は、「自転車」です。第一段落では、自転車は「すぐれた　のりもの」だと述べて、自転車のすぐれた点について具体的に説明しています。重い人や荷物を積んでも楽々と速く走れること、走るために必要なエネルギーは乗る人の足の力だけでよいことです。これが、文章をまとめた文の前半の、「すぐれた　のりもので　ある　自転車」という部分で説明されています。

第二段落では、自転車はなぜ走るとたおれにくいのかという問いかけがなされており、第三段落以降に問いかけに対する答えが書かれています。そして、第五段落に「自転車が　たおれずに　走る　いちばん　大きな　理由」が述べられています。つまり、「人が　じょうずに　バランスを　とって　いるから」自転車が倒れずに走るという第五段落の内容が、問いかけに対する最も重要な答えとなっています。さらに、続く第六・七段落で、人間の「バランス」感覚について説明しています。空欄cについては、空欄のあとの「感覚」という言葉を参考にして、この周辺から答えを探しましょう。また、空欄a・bについては、人間はどうすることでバランス感覚を身につけたのかを問われていますので、人間のバランス感覚について説明している第六・七段落から、答えを探しましょう。

★★★ 最高レベル　問題 160〜163 ページ

1

(1) いなくたって

(2) 友だち…イ　友だち…ア

(3) ちがう

(4) イ

(5) ウ

(6) （例）仲よくするのが友だちと考えてみること。

(7) ア

解説

1

(1) 空欄の前には「友だち」に関する考えが書かれており、『友だちは かならず いた ほうが いい、と いう ことは ないんだ』『友だちなんて まったく いなくたって、立派に 生きて いく ことも できるんだ』と 知って おけば、あとは『コワい ものなんて ない』という内容が、空欄を含む文と同様の内容になっていると考えられます。そこから、友だちが「ひとりも いなくたって」問題ないとわかります。

(2)「友だち」は、「『友だちが いた ほうが 楽しい』と 言う 人」にとっての「友だち」で、「友だち」は、「『友だちが いないと 性格が 悪そう』と 言う 人」にとっての「友だち」のことです。それぞれにとっての「友だち」がどのような人のことだと書かれているかを読み取りましょう。

(3) 直前に「その」とあるため、「答え」は、傍線部①を含む文の前半にある「友だちって なに?」という疑問への答えだとわかります。そして、傍線部①の直後の文から、「いろいろ」ある「答え」の例を挙げて、「こういう感じで」から始まる段落で、「答え」についてまとめています。自分とほかの子にとっての友だちは、「ぜんぜん 意味が ちがう ことも ある」のです。

(4)「世界一の 友だち」の意味を、ひとりは「テレビ番組の 話が 合う相手」と思い、もうひとりは「ひみつを 打ち明けられる 相手」と思っているので、お互いに「友だち」を違う意味で捉えており、**イ**が適切です。

(5) 傍線部②の直後に、「ちゃんと わかって いないと」とあり、このあと、傍線部②をわかっていないとどうなるのかについて、説明しています。「友だちの 意味は いろいろ」ということをわかっていないと、友だちとの間に「誤解が 生まれ」ることがあります。逆に、わかっていれば、友だちが自分の期待に応えてくれなくても、「落ち着」いて考えられるのです。

(6) 傍線部③の直前には「そう 考えて みるのも」とあるので、「そう」の指す内容を、前の部分から読み取ります。「ちがう 考え どうしの だれかと だれかが 仲よくするのが、友だち」を指しており、「そう」が指している内容を、「ちがう 考え どうしの 人が」につながるようにして、まとめましょう。

(7) 本文の前半では、「友だちづき合いに 正解も まちがいも ない」ことや、「友だちは かならず いた ほうが いい」わけではないことを説明しています。また、本文の半ばからは、友だちの意味が人によって違うことを説明し、それを理解することの大切さを説明しています。そうした内容に合うのは**ア**です。**イ**は「おたがいに あいてに とっての 友だちの 意味を しる ひつようが ある」とは文章で述べられていないので、あてはまりません。**ウ**は、「友だちの 意味が おなじ 人 どうしで 仲よくする」のは「関係が うまく いきやすい」とありますが、友だちの意味はいろいろであることをわかっていれば、友だちが期待に応えてくれなくても「落ち着ける」という筆者の主張と合いません。

中学入試に役立つアドバイス

要旨をつかむ

○要旨とは…文章の中で、筆者が最も伝えたいこと。

○要旨のつかみ方

①中心となる段落を探す。

筆者が最も伝えたい内容が書かれた中心段落を探します。文章のまとめにあたる、結論の部分に書いてあることが多くあります。いつも中心段落を意識して、文章を読みましょう。

②中心文を探す。

中心段落でも特に重要な、中心文（筆者の最も伝えたいこと）を探します。「つまり」「このように」「～が重要」などに注目しましょう。

21 大切な　ところ(3)

★ 標準レベル　問題 164～165ページ

I
(1) ウマ
(2) じめん・はなれて
(3) **イ**
(4) むずかしい・じょうず

解説

I (1) 文章中から「はやく　はしる　動物」を探します。それぞれの段落の内容を押さえておくことで、問われていることがどこに書かれているかの目星をつけやすくなります。この文章においては、第一段落では「はしる　こと」と「あるく　こと」の違いについて、第二段落では「はしる　こと」が「むずかしい」ことや、スポーツにとって「とても　たいせつ」であることが述べられています。第三段落と第四段落では、「はやく　はしる」方法について説明されているので、そのどちらかの段落に、「はやく　はしる」動物の例も出ていると考えられます。「はやく　はしる　ときは……ウマのようにつまさきだちで　こしを　たかく　します」と、例として「ウマ」が出されています。

(2) 傍線部の直後に、「あるく　とき」と「はしる　とき」の具体的な足の動かし方の説明があり、その違いがわかりやすく比べられています。

「あるく　とき」…どちらかの足が必ず地面についている。

「はしる　とき」…両足が地面から離れて飛んでいるときがある。

　この比較から、地面から両方の足が完全に離れているときがあるかないかが、「はしる　こと」と「あるく　こと」の違いだと読み取れます。空欄の前後の言葉に注意して、必要な部分を文章中からぬき出しましょう。

(3) 「はしる　こと」の説明に、「あてはまらない　もの」を選ぶことに注意して問題に取り組みます。**ア**は、「はしる　ときは　りょうほうの　あしが　じめんから　はなれて　とんで　いる　ときが　あります」という説明を受けて、「ですから、はしる　ことは　とぶ　ことを　つづけて　やる　ことと　も　いえます」という内容に合っています。**イ**は、「あるく　ときは　どちらかの　あしが　かならず　じめんに　ついて　います」という文章中の説明から、「はしる　こと」ではなく、「あるく　こと」を説明した文とわかるので、合いません。**ウ**は、「はしる　ことは　いろいろな　うんどうや　スポーツを　おこなう　ために　とても　たいせつです」と説明している文章の内容に合っています。そのため、「はしる　こと」の説明として合わないものは、**イ**です。

(4) 文章の前半では、「はしる　こと」がどんなことなのかについて、「あるく　こと」と比べることで説明しています。後半では、「じょうずに」走る練習について述べられています。問題では、この二つの要点を合わせて、文章全体をまとめています。

　ぬき出しの問題では、「はしる　ことは　あるく　ことより」、どんな「うんどう」なのか、また、「ふだんから　こしを　たかくして　あるくように　して　いると」どんなふうに走れるのかの、二点について問われています。「はしる　こと」が飛ぶことを続けてやることともいえるから、「あるく　ことよりも　はしる　ことの　ほうが　むずかしい　うんどうな　わけです」という部分から、五字の空欄には「むずかしい」が入るとわかります。次に、最後の段落に、「ふだん　あるく　ときから　こしを　たかくして　あるくように　して　いると、はしる　ときにも　じょうずに　はしれます」とあり、この部分から、四字の空欄には「じょうず」が入るとわかります。

★★ 上級レベル

問題 166～167ページ

I

(1) (例) とけない
(2) みえなく
(3) **ウ**
(4) **ア**

解説

I

(1) 「どんな ものでも 水に とけるのでしょうか」という、問いかけの文の直後に、小麦粉を例にして、溶けるかどうかを説明しています。その結果は、「水は にごるだけで、しばらく すると、底の 方に 小麦粉が しずんで きます」と書かれています。つまり、小麦粉は、〝水に溶けなかった〟ということです。このことを、ぬき出しの問題文にあてはまる形で、四字で書きましょう。「とけるのでしょうか」と、問われているので、〝とけない〟などのように、答えればよいです。

(2) 傍線部②を含む段落で、塩を水に入れた場合には、水に溶けることを説明しています。前の段落で、小麦粉を水に入れた場合は、溶けなかったという流れから、「塩の 場合は どうでしょうか」と、読み手に問いかけています。そして、「水に いれて かきまぜると、きれいに すきとおって みえなく なりますね」と、塩が見えなくなると述べています。「このように（＝塩を水に入れてかきまぜると、見えなくなったように）、いちように 水と まじりあって、すきとおって みえなく なる こと」を「水に とけたと いいます」。つまり、「水に とけた」のは、どうなることかという問いの答えには、直前の「いちように 水と まじりあって、すきとおって みえなく なる こと」が、あてはまります。ここから、空欄前後に自然とつながり、四字の字数指定にあてはまる言葉を本文中から探します。

(3) 傍線部③よりあとの内容に注目します。「水に とけるだけ とかした液を『飽和溶液』と いいます」と、液体の名前を説明しています。この「飽和溶液」とは、「塩」に限らず、何かを限界まで水に溶かした液体のことです。問題では、「塩を とかせるだけ とかした 水」が、問われています。「塩」に注意して読むと、最後の一文に「水が 塩を とかせるだけ とかして、もう これ 以上 塩を とかせないと いうのが 飽和食塩水です」と、塩を溶かせるだけ溶かした液体の説明があります。ここから、**ウ**の「飽和食塩水」が答えとわかります。

(4) 傍線部③でも述べられていますが、塩もいくらでも水に溶けるわけではありません。傍線部③の直後に、「一定の 温度と 一定量の 水に とける 塩の 量には 限度が あります」と述べられています。ここから、**ア**が合います。

★★★ 最高レベル

問題 168～171ページ

I

(1) aカブトムシ　bカミキリムシ　cきず
(2) 食べもの
(3) **ア**
(4) **イ**
(5) (例) ひとりじめするため。
(6) おいはらわない
(7) (例) たたかいの場であり、おすとめすの出会いの場

解説

I

(1) 文章を前半と後半に大きく分けて考えましょう。前半には「樹液は どうして でて くるのでしょう」という問いかけがあり、樹液のでかたに関

する説明がされています。また、後半では、「樹液を　だす　木」が昆虫にとってどのような場なのかという説明がされています。文章全体においてカブトムシと樹液について説明されているので、aには「カブトムシ」が入ります。bとcは問いかけに対する答えになっているので、問いかけの文のあとの二段落からぬき出しましょう。

(2) 直前にある「その　ため」が指す内容が、いろいろな昆虫が集まる理由です。指示語の指す内容は、指示語の前にあることが多いので、前に注目すると、「樹液を　食べものに　して　いる　昆虫は、カブトムシだけではありません」とあり、そのあとに具体的にいろいろな昆虫の名前が挙げられています。空欄にあてはまる部分を指定字数で探すと「食べもの」があてはまります。

(3) 直後に、「昼間、葉で　つくられた　栄養分は、おもに　夜の　あいだに　根に　おくられて　いくからです」と、理由が説明されています。また、樹液は、栄養分が葉から根に送られる途中で、幹の傷からしみ出るので、**ア**の内容が合っているとわかります。

(4) 直後に、「同じ　なかまと　いっても、樹液を　とりあう　敵だからです」と、理由を表す文があります。この部分と同じ内容が書かれた**イ**が正解です。理由を聞かれている問題では、「から」「ため」などの、理由を述べていることがわかる言葉に注目しましょう。

(5) カブトムシやクワガタムシは、体が触れあうと、追い払おうとし、それでも相手が逃げないと、戦いを挑みます。「そして、たたかいに　勝ったものだけが、樹液を　ひとりじめできるのです」とあります。相手を排除した結果、樹液を「ひとりじめできる」ことが述べられているので、この部分を空欄にあてはまるように、まとめて書きましょう。

(6) おすのカブトムシは、めすに「からだに　ふれられ」るとどうするのか（どうしないのか）を、読み取ります。直前に、おすのカブトムシは、めすのときだけは、体に触れられても「おいはらわない」とあります。

(7) この文章では、カブトムシやいろいろな昆虫にとって、樹液や樹液を出す木がどういう存在なのかを述べています。樹液を出す木は、大切な食べものである樹液を取り合う場になり、また、おすとめすが出会う場にもなっているのです。「たたかいの　場」と「出会いの　場」の二つの内容を書きましょう。

中学入試に役立つアドバイス

文章を要約する

○要約とは

文章全体の内容を短くまとめること。

○要約のしかた

段落ごとの要点をまとめることで、文章全体を要約することができます。

要点、要旨、要約についてのまとめ

各段落の大切な点に注目して読み（要点を見つける）、文章の中で筆者が最も伝えたいことはどこかに注意し（要旨を見つける）、文章全体を頭の中で要約して読む（要約する）ことを意識しましょう。

要点や要旨は問題として問われやすい箇所です。また、文章を頭の中で要約することで、文章の内容にあてはまるものを選択する問題などを解きやすくなります。そのため、そうした意識をもちながら文章を読む習慣をつけることで、問題をスムーズに解けるようになります。

復習テスト⑧
問題172〜173ページ

I (1) ハナグモ、カエル、トカゲ…**イ**　鳥…**ア**
(2) (例) もっとも多くの虫をとらえて食べる
(3) a色　bもよう　cりんかく
(4) (例) 食べられないようにしている。

解説

I (1) 第二段落で、さまざまな昆虫について、どのような動物に、どうやって捕らえられるのかについて、具体的に説明されています。
ハナグモ、カエル、トカゲ…虫の動きを見て捕らえる
ネズミ…においで虫を見つけて捕らえる
コウモリ…超音波で虫を見つけて捕らえる
鳥…色と形で虫を見分ける
と、それぞれに簡潔に説明されているので、「ハナグモ、カエル、トカゲ」と「鳥」の場合に合うものを選択肢から選びましょう。
(2) 第三段落に注目します。昆虫を食べる生き物の中でも、鳥は空を飛べて、目が発達していること、さらに、目で虫を見つける動物の中では、虫を最も多く捕らえて食べるのが、「鳥」であることが書かれています。問題文は、「目で　虫を　みつける　動物の　なかで、鳥は」とあるので、これに続くようにまとめます。
(3) 傍線部③の直後に、「自分の　からだの　色に　よく　にた　場所に　じっと　して　いれば　いい」と書かれています。また、これとよく似た表現で傍線部③を含む段落から、二つあとの段落に、「からだの　色や　もように　よく　にた　場所で　休みます」という部分があります。ここから、からだの「色や　もよう」に「よく　にた　場所」でじっとしていることが、鳥に見つからないようにする一つの方法だとわかります。また、「みつかりにくく　するには、からだの　りんかくを　わからなく　して　しまう、という　方法も　あります」と、第八段落の最初に示されています。ここから読み取り、空欄cには「りんかく」をぬき出しましょう。
(4) この文章は、
虫(昆虫)は、多くの動物に食べられている。↓特に、鳥に最も食べられている。↓虫(昆虫)の立場から鳥から食べられないようにする方法を考える。↓その方法の多くは鳥に見つからないようにすることだ。↓そのために、体の色や模様によく似た場所でじっとする。↓体の輪郭をわからなくしてしまうこともある。

という流れで書かれています。全体を通して、「虫」が「鳥」に食べられないように対応していることを説明している文章です。この文章の要旨を考え、問題文の「虫は、いろいろな　方法で　鳥に　みつかって」に続くように書きましょう。

思考力問題に　チャレンジ④
問題174〜175ページ

I (1) (例) 正しいかどうか調べること。
(2) (例) より大きい重さをもつ物のほうが、引っぱる力が強い
(3) (例) 地球とリンゴほどは重さにちがいがないから。

解説

I (1) 仮説は「仮に　考えられた　こと」なので、正しいかどうかはわかりません。そのために、「実験などで　正しいか　どうか　調べねば　なりません」と述べられています。
(2) 思考ステップ1　**文章の内容を整理する。**

問われているのは、「重さ」と「引っぱる 力」の関係です。この文章には、ニュートンが「すべての 物と 物の あいだには……たがいに 引きつけあう 力が はたらいて いる」と考えたことが書かれています。また、そのことについてニュートンは、「太陽や 月や 火星が きまった 動きをするのは、その 星 どうしが 引っぱりあって いるから」だと仮説を立て、□のではないかとも考えたとあります。したがって、空欄には、物が引きつけ合う性質について、ニュートンがどのように考えたかをあてはめればよいとわかります。

思考ステップ2　ほかの内容を整理する。

空欄の次の段落に、「ニュートンは 天の 世界ばかりで なく、わたしたちが 生きて いる 地上の 世界でも おなじ ことが 言えると 考えました」とあります。これは、「天の 世界」と「地上の 世界」で「おなじ ことが 言える」ということです。「天の 世界」に共通することとして、「地上の 世界」ではどのようなことがいえるのか読み取りましょう。すると、同じ段落に「リンゴが 木から 落ちるのは、地球が 引っぱって いるからだ」とあり、さらに次の段落に「リンゴも 地球を 引きつけますが、地球の 重さの ほうが 圧倒的に 大きいので、地球が 引きつける 力の ほうが ずっと 大きく」なるとあります。つまり、リンゴが木から落ちるのは、より重いもののほうが引きつける力が大きいからであり、その仕組みが「天の 世界」にも共通することがわかります。

思考ステップ3　整理した文章の内容をもとに、答えをまとめる。

前のステップで、より重いもののほうが引きつける力が大きくなることを確認したので、指定語句を使って、その内容をまとめましょう。解答例は少し長いですが、「重さがあるほうが、引っぱる力が大きい」など、簡単にまとめてもよいです。

(3) **思考ステップ1　傍線部を含む段落の内容を整理します。**

傍線部②では、「月や 太陽や 地球」が引っぱりあいをしていることと、「リンゴ」と「地球」が引っぱりあいをしていることが書かれています。傍線部②のあとに「引っぱりあう 力の 大きさこそが、重さを 区別する 正体」とあり、「月」「太陽」「地球」「リンゴ」にはそれぞれ重さがあり、それによって引っぱりあう力が変わることがわかります。

思考ステップ2　傍線部に関係のある、ほかの段落の内容を整理する。

問われているのは、「月や 太陽が、リンゴのように 地球の 地面に 落ちて こない」理由であるため、まず、なぜリンゴは地面に落ちるのか、説明されている部分を探します。すると、傍線部②の前の段落に、「リンゴも 地球を 引きつけますが、地球の 重さの ほうが 圧倒的に 大きいので、地球が 引きつける 力の ほうが ずっと 大きく」なるとあります。つまり、地球に比べるとリンゴは非常に軽いため、引きつける力もとても小さく、重くて引きつける力の大きい地球に引っぱられることがわかります。

思考ステップ3　整理した文章の内容をもとに、答えをまとめる。

前のステップでは、「地球」と「リンゴ」の重さと、引きつける力の強さの関係を確認したので、それに対して、「月や 太陽」と「地球」の関係がどうかを考えます。「月や 太陽」がリンゴのように、地球より圧倒的に軽かった場合は、地球が引きつける力のほうがずっと強くなり、地球の地面に落ちてくると考えられます。しかし、「月や 太陽」は、地球の地面に落ちてくることはありません。それは、「月や 太陽」と「地球」の「重さ」に、「リンゴ」と「地球」ほどの差がないからだと考えられます。その内容を書き出しに続く形でまとめましょう。

総《そう》仕《し》上《あ》げテスト①

1 (1) **イ** (2) **ウ**
2 (1) (例) みどり (2) (例) さくらんぼ
3 (1) ゴール (2) ステーキ (3) クーラー
4 ジェットコースター
5 (1) 目↓日 (2) 玉↓王 (3) 貝↓見
6 (1) じ (2) ぢ (3) づ (4) ず
7 (1) う・え (2) い・う (3) は・う・へ
8 (1) こじまくん・くろさわくん・おばけもり (2) (例) こじまくんに、あとをつけられたから。 (3) **ア・ウ** (順不同) (4) **イ**

解説

6 (2)「ゆのみぢゃわん」は「ゆのみ」と「ちゃわん」がくっついた言葉、(3)「子どもづれ」は「子ども」と「つれ(る)」がくっついた言葉です。

8 (2) 傍線部①を含む一文に、「ぼくも　くろさわくんも……こっそり　おばけもりに　いったんだけど、あとを　つけられて」とあり、これが「ひみつきちが　ばれて　しまった」理由になっています。あとをつけたのは、「こじまくん」なので、だれにあとをつけられたかを補って、答えをまとめましょう。

(3)「こねこを　まも」ろうとしていることから、**ア**が正しいです。また、「しょうがないなあ」と言って、ひみつきちを作る仲間にこじまくんを入れようとしていることから、**ウ**が正しいです。

(4) 傍線部③のあとに、「ほこらしい　きもち」とあることに注目します。「ほこらしい」とは、得意になって、自慢に思う気持ちのことです。

総仕上げテスト②

1 (1) **イ** (2) **ア**
2 (1) こい (2) はく
3 (1) さす (2) きく
4 水を　こぼした　とき、おもわず　「ああっ。」と　こえが　出て　しまった。はずかしかった。
5 (1) 明日が　誕生日の　おとうとは、いまから　そわそわして　いる。 (2) みんなに　えを　ほめられたので、とても　いい　気分だ。
6 (1) 主語　ぼくも　述語　入りたいです (2) 主語　犬が　述語　とびついた
7 (1) **イ** (2) **ア** (3) **オ**
8 (1) ご入学 (2) ありました
9 (1) **ア** (2) (例) 夜空でひかっている (3) **エ** (4) **イ** (5) a**イ** b**ア** c (例) とおい

解説

9 (2) 傍線部①の直前の「ので」が理由を表す言葉であることに注目します。惑星と恒星が「夜空では　どちらも　おなじように　ひかって　いるので」とあるので、空欄のあとの「と　いう　ことは　おなじ」という形につながるように整理しましょう。

(4) 指示語の指す内容は、指示語より前にあることが多いです。また、指示語の指す内容だと思われるものが見つかったら、それを指示語にあてはめて読み、文意が通るかを確かめましょう。

(5) 傍線部②の段落に、「うんと、とおくから　きた　恒星の　ひかりは」とあるので、空欄cのあとの「ので」に続くようにあてはめましょう。

最高クラス
問題集

こくご
小学1年

問題
編

旺文社

最高クラス
問題集

こくご
小学1年

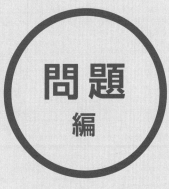

問題編

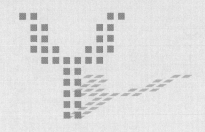

旺文社

1章 ことば

1 ひらがな

学習日　　月　　日

ねらい
濁音や拗音、伸ばす音などの表記に注意して、ひらがなを正しく書く力を身につける。

★標準レベル

10分

／100

答え7ページ

1 つぎの ことばに だくてん（゛）を 一《ひと》つ つけて べつの ことばに しなさい。〈4点×5〉

(1) さる → □

(2) いと → □

(3) うす → □

(4) はち → □

(5) てんき → □

2 つぎの えに あう ひらがなを 一つ えらんで ○を つけなさい。〈4点×4〉

(1)

ア（　）さつまいも
イ（　）きつまいも
ウ（　）さつまいし

(2)

ア（　）なかぐつ
イ（　）ながぐつ
ウ（　）ながくつ

(3)

ア（　）さんぎょ
イ（　）きんぎょ
ウ（　）ぎんきょ

(4)

ア（　）きゅうきゅうしゃ
イ（　）きゅうきゅしゃ
ウ（　）きゅうきうしゃ

3 つぎの　ことばを　正《ただ》しい　ひらがなに　なおして　かきなさい。〈4点×4〉

(1) たんほほ　↓

(2) じどうしや　↓

(3) しよつき　↓

(4) きようりう　↓

4 つぎの　文字《もじ》で　はじまる　ことばを　一つずつ　かきなさい。〈6点×3〉

(1) りょ　↓

(2) きゅ　↓

(3) ひゃ　↓

5 つぎの　ことばの　中《なか》で　なかまはずれの　ことばを　一つ　えらんで　かきなさい。〈5点×6〉

(1) すずめ・だちょう・ひつじ・ぺんぎん

(2) にんじん・じゃがいも・りんご・きゃべつ

(3) もみじ・はくさい・さくら・いちょう

(4) かいすいよく・ぼんおどり・ゆきがっせん・すいかわり

(5) ほうちょう・なべ・しゃもじ・ほうき

(6) かぶとむし・とんぼ・へび・かまきり

★★ 上級・最高レベル

25分

/100

答え7ページ

学習日　月　日

1

つぎから 正《ただ》しい ものを 一《ひと》つ えらんで ○を つけなさい。〈2点×4〉

(1)
ア（　）ともだちと あくしゆを する。
イ（　）ともたちと あくしゅを する。
ウ（　）ともだちと あくしゅを する。

(2)
ア（　）せつけんを あわだてる。
イ（　）せっけんを あわだてる。
ウ（　）せっけんを あわたてる。

(3)
ア（　）きゅうしょくの こんだて。
イ（　）きゆうしょくの こんだて。
ウ（　）きゅうしょくの こんたて。

(4)
ア（　）ひゃくえんを ちよきんする。
イ（　）ひやくえんを ちょきんする。
ウ（　）ひゃくえんを ちょきんする。

2

つぎの □に 「ゃ・ゅ・ょ」 の どれかを かいて ことばを かんせいさせなさい。〈2点×4〉

(1) ほうち□う
(2) かぼち□
(3) じ□んけん
(4) き□うこん

3

つぎの 文字《もじ》で はじまる （　）の 字数《じすう》の ことばを 一つずつ かきなさい。〈2点×4〉

(1) しゃ（四字《よじ》）↓
(2) ぎょ（四字）↓
(3) にゅ（五字《ごじ》）↓
(4) ちょ（五字）↓

4 □の 中《なか》の ことばを、三《さん》しゅるいの なかまに わけて、［　］に なにの なかまの なかかを かきなさい。また、□に なかまわけを した ことばを かきなさい。〈完答4点×3〉

あさがお・きつね・しんかんせん
ふね・しまうま・ひまわり

(1) ［　　］の なかまの ことば。

(2) ［　　］の なかまの ことば。

(3) ［　　］の なかまの ことば。

---

5 つぎの［　］の 中の すべての 文字を つかって 三字《さんじ》の ことばを 二《ふた》つずつ つくりなさい。〈2点×10〉

(1)［つ・さ・ら・み・き・く］

(2)［よ・た・ご・ひ・こ・ま］

(3)［た・い・ぬ・か・す・き］

(4)［ば・ん・い・か・ご・ち］

(5)［ま・は・み・だ・る・さ］

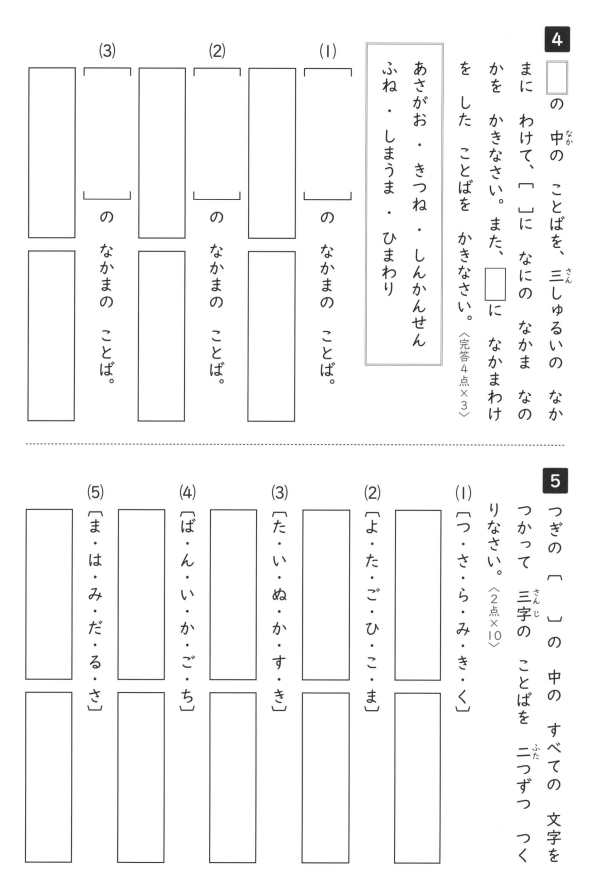

6 つぎの　ことばの　文字《もじ》の　じゅんを　入《い》れかえて　べつの　ことばを　つくりなさい。〈3点×2〉

(1) たんぼ　↓

(2) けいと　↓

7 つぎの　ことばに　一字《いちじ》　ひらがなを　たして　べつの　ことばを　つくりなさい。〈2点×3〉

(1) くま　↓

(2) つめ　↓

(3) さい　↓

---

8 つぎの　せつめいに　あう　ことばを　かんがえて　ひらがなで　かきなさい。〈2点×6〉

(1) 四字《よじ》の　たべものの　なかま

(2) 五字《ごじ》の　とりの　なかま

(3) 五字の　こんちゅうの　なかま

(4) 六字《ろくじ》の　のりものの　なかま

(5) 五字の　ばしょ、たてものの　なかま

(6) 六字の　しごとの　なかま

9

つぎは　それぞれ　ある　かんけいで　ならんで　います。□に　あてはまる　ことばを　ひらがなで　かきなさい。〈2点×6〉

(1) はる ― なつ ― □ ― ふゆ

(2) □ ― ひる ― よる

(3) □ ― きょう ― あした

(4) きょねん ― □ ― らいねん

(5) こうこう ― □ ― しょうがっこう

(6) □ ― ねこ ― こま ― まくら

10

つぎの　文《ぶん》の　中《なか》で　まちがって　いる　文字（四《よっ》つ）に　×を　つけて、よこに　正《ただ》しく　かきなさい。〈2点×4〉

あしたは　がつこうの　うんどうじゅうで
やきゅうの　しやいが　あります。
かぞくが　おうえんに　きて　くれるので
とても　きあいか　はいって　います。

1章

ことば

2 カタカナ

ねらい
カタカナで書くべき言葉を理解し、正しくカタカナで書けるようになる。

学習日　月　日

★標準レベル

10分

／100

答え8ページ

1 つぎの　カタカナの　赤《あか》の　ぶぶんは　何番目《なんばんめ》に　かくかを　漢数字《かんすうじ》で　かきなさい。〈4点×7〉

(1) サ → □

(2) ヨ → □

(3) ヒ → □

(4) ネ → □

(5) モ → □

(6) メ → □

(7) キ → □

2 つぎの　ひらがなを　カタカナに　なおして　かきなさい。〈4点×6〉

(1) ろけっと → □

(2) てれび → □

(3) すぽんじ → □

(4) くっきい → □

(5) えぷろん → □

(6) そふぁあ → □

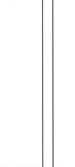

3 つぎの　二《ふた》つの　ことばの　うち　カタカナで　かく　ほうを　えらんで　カタカナに　なおして　かきなさい。〈4点×5〉

(1) やきゅう　↓
さっかあ　↓

(2) でんしゃ　↓
とらっく　↓

(3) あめりか　↓
ちゅうごく　↓

(4) てぶくろ　↓
まふらあ　↓

(5) おむらいす　↓
やきそば　↓

---

4 つぎの　カタカナの　まちがいを　なおして　かきなさい。〈4点×7〉

(1) ロボシト　↓

(2) ソフトタリーム　↓

(3) グームセンター　↓

(4) ツョベルカー　↓

(5) カスタネツト　↓

(6) ラソドセル　↓

(7) オーストフリア　↓

★★ 上級・最高レベル

学習日　月　日

20分

／100

答え 9ページ

1 つぎの □に カタカナを 入《い》れて ことばを かんせいさせなさい。〈完答3点×8〉

(1) グ□タン

(2) キ□ベツ

(3) ス□ップ

(4) フラ□ス

(5) チョ□□ートパ□ェ

(6) シ□□ピング□ンター

(7) メリー□□ラウン□

(8) ジャン□□ジム

2 つぎの いきものの なきごえを あとから 一《ひと》つずつ えらんで、カタカナに なおして かきなさい。〈2点×5〉

(1) ねこ

(2) にわとり

(3) うぐいす

(4) あひる

(5) すずめ

ぶうぶう・わんわん・があがあ
にゃんにゃん・ちゅんちゅん
こけこっこう・ほうほけきょ

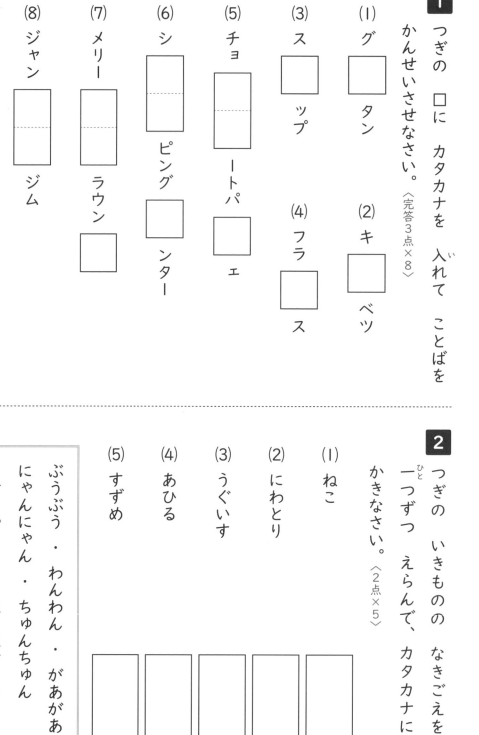

3 つぎの えの 音《おと》を あらわした ことばを あとから 一つずつ えらんで、カタカナに なおして かきなさい。〈2点×4〉

(1)

(2)

(3)
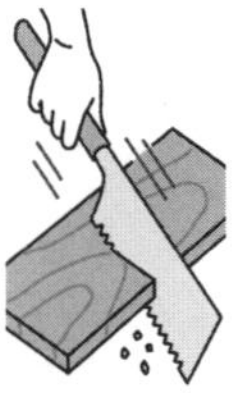

(4)

ぱりぱり・ばたん・ぎこぎこ
さらさら・ごろごろ・ざあざあ
がしゃん・ぽきぽき

4 つぎの 文《ぶん》の 中《なか》から カタカナで かく ことばを さがして カタカナに なおして かきなさい。〈2点×5〉

(1) けえきを みせで かう。

(2) めだまやきに そおすを かける。

(3) やきゅうで ほうむらんを うった。

(4) こうえんの べんちに すわって まつ。

(5) なわとびと ぼうるを もって いく。

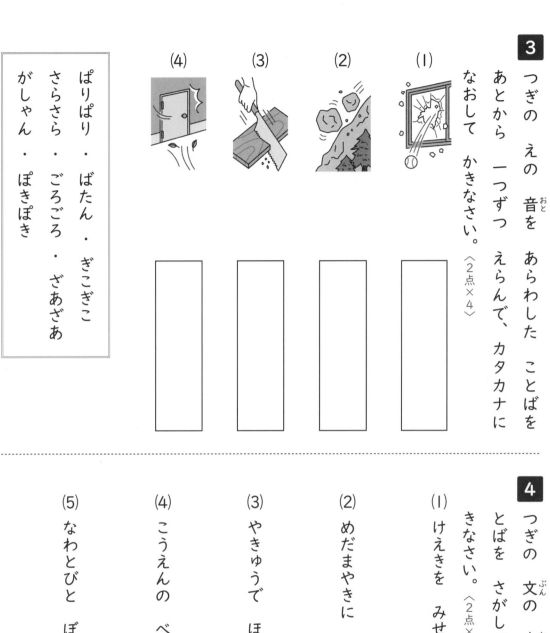

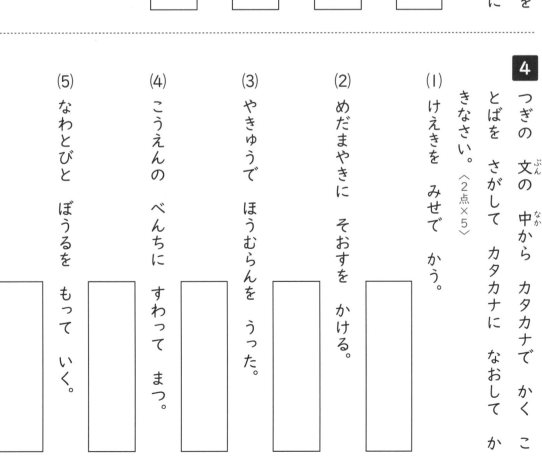

5 つぎの　たべものの　名前《なまえ》を　カタカナで　かきなさい。〈2点×5〉

(1) ぷりんあらもうど

(2) あっぷるぱい

(3) びぃふしちゅう

(4) みいとすぱげてぃ

(5) ちいずいんはんばあぐ

---

6 あとの□の　中《なか》の　ことばを　つぎの　三《みっ》つの　しゅるいに　わけて、カタカナに　なおして　かきなさい。〈2点×5〉

(1) がいこくの　くに

(2) がいこくから　きた　もの

(3) ものの　音《おと》や　なきごえ

めえめえ・けちゃっぷ・とんとん
かれんだあ・いたりあ

7 つぎの 文《ぶん》の 中で カタカナで かいた ほうが よい ことばを 四《よっ》つ 見《み》つけて、カタカナに かきなおしなさい。〈3点×4〉

わたしは ふらいぱんに はむを ならべて、その うえに たまごを わりいれて やきました。それと れたすと とまとを おさらに のせて あさごはんに たべました。

8 つぎの 文の 中で ひらがなで かくべき ことばを 四つ 見つけて、ひらがなに かきなおしなさい。〈4点×4〉

きのう、かぞく みんなで コーエンへ いきました。リュックに おにぎりや クダモノを いれて、スイトウに はいった ジュースも もって いきました。ながい スベリダイが たのしかったです。

ことば

3 漢字《かんじ》（よみ・かき・ひつじゅん）

ねらい　一年生で学習する漢字の読み・書き・筆順を正しく覚えて書くことができる。

学習日　月　日

★標準レベル

10分

／100

答え10ページ

1 つぎの　漢字《かんじ》の　赤《あか》の　ぶぶんは　何番目《なんばんめ》に　かくかを　漢数字《かんすうじ》で　かきなさい。〈4点×6〉

(1) 水 → □

(2) 年 → □

(3) 五 → □

(4) 九 → □

(5) 上 → □

(6) 女 → □

2 つぎの　――せんの　漢字の　よみかたを　ひらがなで　かきなさい。〈4点×5〉

(1) 王さま

(2) 天ごく

(3) 村まつり

(4) 力くらべ

(5) 貝がら

3 つぎの ずに あう 漢字を □に かきなさい。〈3点×8〉

からだの 漢字

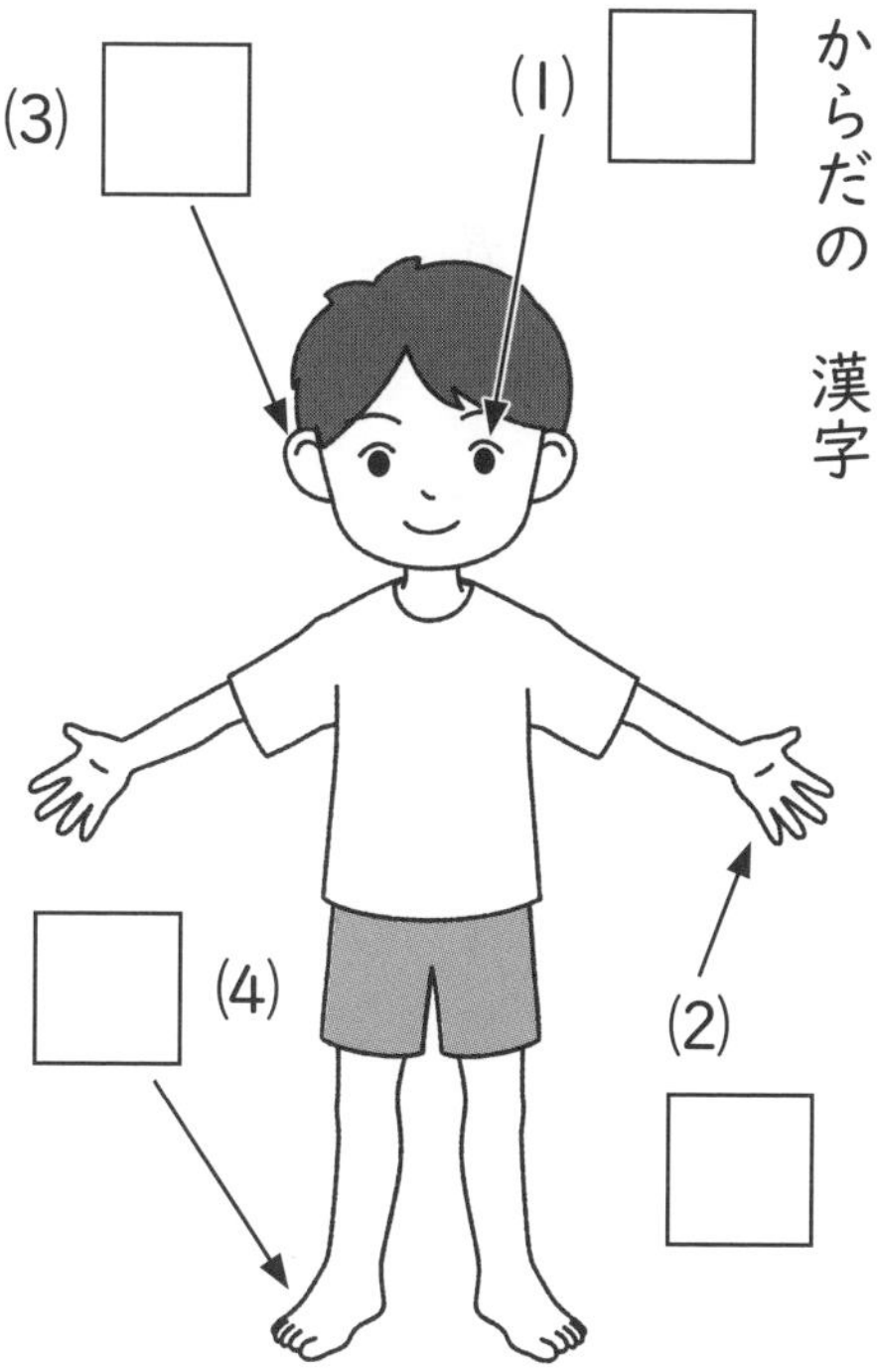

ほうこうを あらわす 漢字

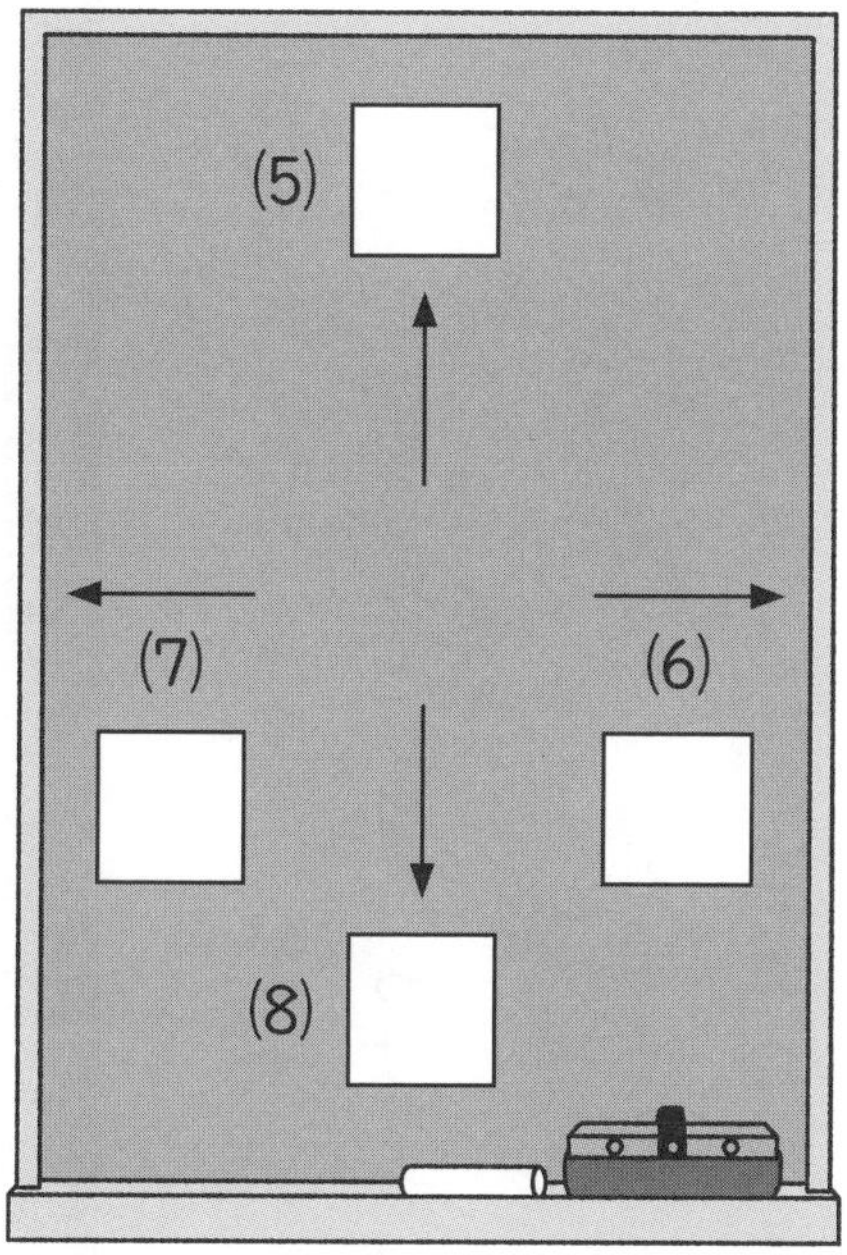

4 つぎの ——せんの ひらがなを 漢字に なおしなさい。〈4点×8〉

(1) あめが ふる。

(2) つちを ほる。

(3) なまえを よぶ。

(4) はなが さく。

(5) まちと 村。

(6) きれいな ゆうやけ。

(7) はりと いと。

(8) くるまが はしる。

★★ 上級・最高レベル

20分

/100

答え10ページ

学習日　月　日

1 つぎの　それぞれの　漢字《かんじ》で　かくすうが　おおい　ほうを　えらんで　○を　つけなさい。〈2点×8〉

(1) ア 竹（　） イ 林（　）

(2) ア 水（　） イ 生（　）

(3) ア 玉（　） イ 気（　）

(4) ア 見（　） イ 休（　）

(5) ア 左（　） イ 五（　）

(6) ア 耳（　） イ 車（　）

(7) ア 女（　） イ 手（　）

(8) ア 田（　） イ 六（　）

2 つぎの ——せんの 漢字の よみかたを ひらがなで かきなさい。〈2点×7〉

(1) あねは 六年生です。

(2) 子犬を かわいがる。

(3) すみきった 青空。

(4) こうじょうの 見学。

(5) 左右を みまわす。

(6) 糸車を まわす。

(7) 出口に むかう。

3 あとの［　］の ことばを つぎの なかまに わけて 漢字に なおしなさい。ただし、あとの ことばは 一回《いっかい》ずつしか つかえません。〈1点×12〉

(1) かずを あらわす 漢字

(2) ようびを あらわす 漢字

(3) いろを あらわす 漢字

(4) いきものを あらわす 漢字

あか・いぬ・ろく・つき
みず・ひゃく・かい・むし
あお・しろ・よん・にち

---

4 つぎの 文《ぶん》の 中《なか》から まちがって いる 漢字を さがして 正《ただ》しく かきなおしなさい。〈完答2点×5〉

(1) にわに 小さな 大が いる。　↓

(2) かわらで 右ころを ひろう。　↓

(3) すずしい かぜが 人って きた。　↓

(4) こうえんに 花や 早が はえて いる。　↓

(5) 字校に 大きな 木が ある。　↓

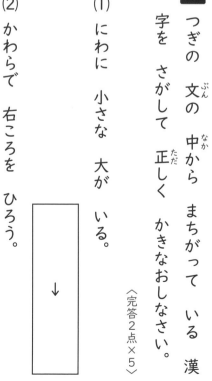

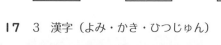

5 上《うえ》の 漢字《かんじ》と 下《した》の □の 中《なか》の 漢字を あわせて、一字《いちじ》の 漢字を かんせいさせなさい。ただし、下の 漢字は 一回《いっかい》ずつしか つかえません。〈2点×6〉

(1) 木 □
(2) 立 □
(3) 宀 □
(4) 田 □
(5) 夕 □
(6) 目 □

口・交・子・力・八・日

---

6 つぎの 漢字に あとの □の 中の 漢字を あわせて ことばを つくり、その よみかたも かきなさい。ただし、下の 漢字は 一回ずつしか つかえません。〈完答3点×6〉

〔ことば〕〔よみかた〕

(1) 雨
(2) 森
(3) 先
(4) 青
(5) 天
(6) 見

生・林・気・本・年・水

7 つぎの 文《ぶん》の ――せんの ことばの よみかたを ひらがなで かきなさい。〈2点×5〉

きょうは 一月《いちがつ》①一日。②お正月です。
はつ③日の出を 見《み》てから はつもうでに
いって ④百円玉を おさいせんばこに
いれて うちで ⑤お年玉を もらいました。

①

②

③

④

⑤

8 つぎの 文の 中で まちがって いる 漢字を 四《よっ》つ さがして 正《ただ》しく かきなおしなさい。〈完答2点×4〉

ふと そとを 目《み》ると、気《き》に 百《しろ》い
とりが とまって いました。
まどから 手《て》を 山《だ》して パンを
あげようと しましたが、すぐに
とび立《た》って しまいました。

↓

↓

↓

↓

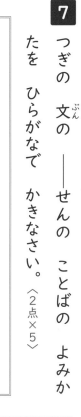

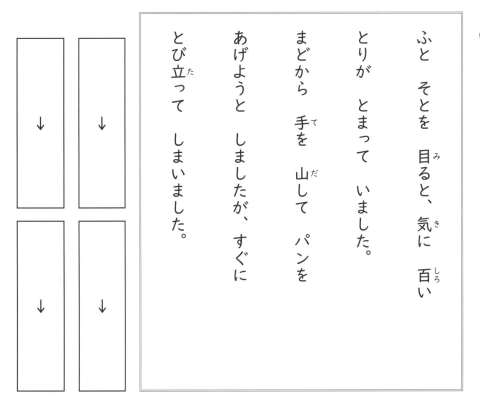

復《ふく》習《しゅう》テスト①

10分　　/100　　答え11ページ

学習日　月　日

1 つぎから ただしい ものを えらんで ○を つけなさい。〈4点×3〉

(1)
ア（　）とおくから はしって くる。
イ（　）とおくから はしつて くる。

(2)
ア（　）ひこうきが そろを とぶ。
イ（　）ひこうきが そらを とぶ。

(3)
ア（　）ゆうびん きってを はる。
イ（　）ゆうびん きってを ほる。

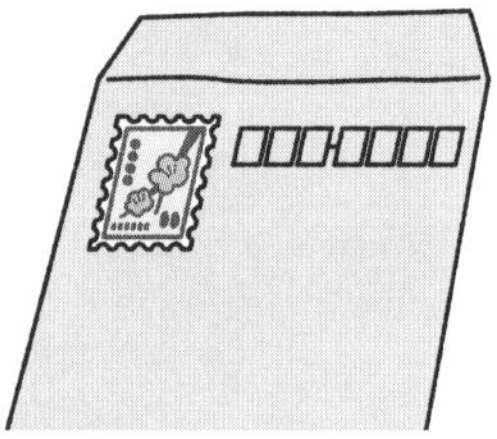

2 あとの □ の 中《なか》の ことばを つぎの 三《みっ》つの しゅるいに わけて、カタカナに なおして かきなさい。〈6点×6〉

(1) がいこくの くにや 人《ひと》の なまえ

(2) がいこくから きた もの

(3) ものの 音《おと》や なきごえ

じゃあじゃあ・どおなつ・えじそん
そおせえじ・ちゅうちゅう・かなだ

3 つぎの ――せんの ひらがなを 漢字《かんじ》に なおして、おくりがなも かきなさい。〈4点×8〉

(1) れんしゅうを やすむ。
(2) うら口《ぐち》から はいる。
(3) こたえが ただしい。
(4) ねっしんに まなぶ。
(5) さかみちを くだる。
(6) せきが あく。
(7) ざっそうが はえる。
(8) 二階《にかい》に あがる。

4 つぎの 文《ぶん》の 中から ただしく かけて いない ことばを 四《よっ》つ 見《み》つけて くぎりごとに ぬきだして ただしい ことばに かきなおしなさい。〈完答5点×4〉

けさ、おうきい はこが とどきました。
はこの 中には まっかな リソゴが たくさん 人《はい》って いました。
それを つかって おかあさんが アツプルパイを つくって くれました。

↓
↓
↓
↓

4 ひらがなの つかいわけ

学習日　　月　　日

ねらい
「は・を・へ」を正しく使い分けられるようになる。「う・お」「じ・ぢ」などの間違えやすいかなづかいを正しく書けるようになる。

★標準レベル

10分　　／100　　答え 12ページ

1 つぎの かなづかいの 正《ただ》しい ほうを えらんで ○を つけなさい。〈3点×4〉

(1) ア（　）れいぞおこ　イ（　）れいぞうこ

(2) ア（　）おおかみ　イ（　）おうかみ

(3) ア（　）ちかづく　イ（　）ちかずく

(4) ア（　）ちじむ　イ（　）ちぢむ

2 つぎの 文《ぶん》が 正しく なるように、□の 中《なか》に「お」か「を」を かきなさい。〈3点×4〉

(1) □にぎり□にぎる。

(2) □んがくに あわせて □どる。

3 つぎの 文が 正しく なるように、□の 中に「え」か「へ」を かきなさい。〈4点×5〉

(1) □き□むか□に いく。

(2) □んぴつが とおく□ころがる。

4 つぎの　ことばを　正しい　ひらがなに　なおして　かきなさい。〈4点×7〉

(1) おおどうり　↓ ［　　］

(2) とけえ　↓ ［　　］

(3) どおぶつえん　↓ ［　　］

(4) おおじさま　↓ ［　　］

(5) せえかつ　↓ ［　　］

(6) かんずめ　↓ ［　　］

(7) ぢめん　↓ ［　　］

---

5 つぎの　かなづかいの　正しい　ほうを　えらんで　○を　つけなさい。〈4点×7〉

(1)
ア（　）たいようが　まぶしい。
イ（　）たいよおが　まぶしい。

(2)
ア（　）せんせえの　はなしを　きく。
イ（　）せんせいの　はなしを　きく。

(3)
ア（　）じしんに　おどろく。
イ（　）ぢしんに　おどろく。

(4)
ア（　）いもうとの　ぬいぐるみ。
イ（　）いもおとの　ぬいぐるみ。

(5)
ア（　）こうりが　とける。
イ（　）こおりが　とける。

(6)
ア（　）すいえいを　ならう。
イ（　）すいええを　ならう。

(7)
ア（　）びょおいんへ　いく。
イ（　）びょういんへ　いく。

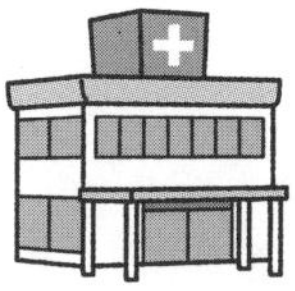

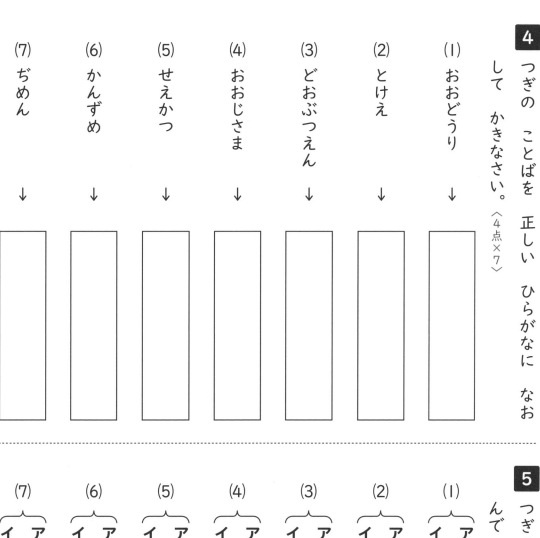

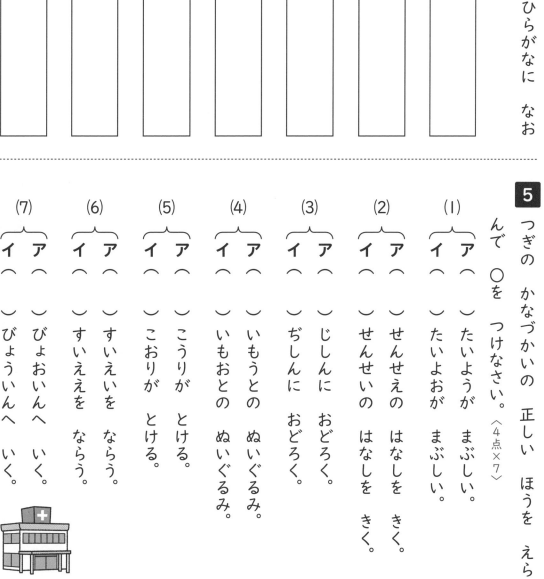

★★上級・最高レベル

20分

／100

答え12ページ

学習日　月　日

1 つぎの かなづかいの 正《ただ》しい ほうを えらんで ○を つけなさい。〈完答2点×6〉

(1) {わ／は}たし{わ／は} {わ／は}がきを かく。

(2) {わ／は}なしの ないようを {わ／は}すれる。

(3) {わ／は}たし{わ／は} {わ／は}なを うえた。

(4) おとうと{わ／は} {わ／は}やく {わ／は}しる。

(5) {わ／は}らいながら こんにち{わ／は}と いう。

(6) に{わ／は}に{わ／は} に{わ／は}とりが いる。

2 つぎの えに あう ひらがなを、かなづかいに 気《き》を つけて かきなさい。〈3点×5〉

(1)

み□□□

(2)

ち□

(3)

せ□□□

(4)

し□□□

(5)

お□□□□

3 つぎの 文《ぶん》の □の 中《なか》に、「は」「を」「へ」の どれかを かきなさい。〈1点×10〉

(1) ぼく □ へや □ 入《はい》る。

(2) 学校《がっこう》で 本《ほん》 □ よむ。

(3) 先生《せんせい》が こくばんに 字《じ》 □ かく。

(4) あさ 八時《はちじ》に 学校 □ いく。

(5) 犬《いぬ》 □ にわ □ はしりまわる。

(6) そと □ つながる あな □ 見《み》つけた。

(7) 先生に 花《はな》 □ おくる。

---

4 つぎの 文の 中の かなづかいが まちがって いる 字に ×を つけて、正しい 字を よこに かきなさい。〈2点×5〉

(1) さかなの みそずけを たべる。

(2) 「こんばんわ」と あいさつを する。

(3) よおやく しゅくだいが おわった。

(4) ともだちに わらわれて はづかしい。

(5) かべに ぶつかって はなじが でる。

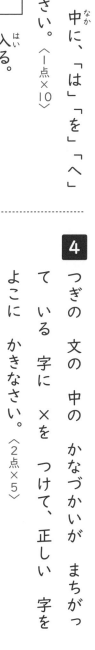

5 つぎの ことばの □に、「う」か 「お」を かきなさい。〈1点×10〉

(1) お□かみ

(2) こ□ろぎ

(3) おと□さん

(4) ひこ□き

(5) ほの□

(6) ほ□き

(7) と□く

(8) ぞ□きん

(9) かきご□り

(10) お□きさ

6 つぎから かなづかいの 正《ただ》しい ものを 一《ひと》つ えらんで、○を つけなさい。〈3点×5〉

(1)
ア（　）おとうとの あおい ぼおし。
イ（　）おとおとの あおい ぼうし。
ウ（　）おとうとの あおい ぼうし。

(2)
ア（　）せんせえの はなしを きく。
イ（　）せんせいの はなしを きく。
ウ（　）せんせいの はなしお きく。

(3)
ア（　）すいとうに みずを いれる。
イ（　）すいとおに みずを いれる。
ウ（　）すいとうに みづを いれる。

(4)
ア（　）いもうとは こうえんへ いく。
イ（　）いもおとは こうえんへ いく。
ウ（　）いもうとは こおえんへ いく。

(5)
ア（　）おうぞらを すずめが とぶ。
イ（　）おおぞらを すづめが とぶ。
ウ（　）おおぞらを すずめが とぶ。

7 つぎの〔　〕の ことばに「は」「を」「へ」を つけて、正しい 文《ぶん》に かきなおしなさい。〈完答4点×5〉

(1)〔おとうさん かいもの いきました。〕

(2)〔いもうと えほん かたづける。〕

(3)〔おかあさん せんたくもの ほす。〕

(4)〔ようちえん おとうと むかえに いく。〕

(5)〔ぼく はこ あけて おかし えらぶ。〕

8 つぎの 文の 中《なか》の かなづかいが まちがって いる 四《よっ》つの 字《じ》に ×を つけて、正しい 字を よこに かきなさい。〈2点×4〉

きのお、がっこうから かえる ときに
あめが ふって いました。ぼくわ
かさを せんせいから かりました。
おおどうりまで でると おかあさんが
かさを もって むかへに きました。

1章 ことば

5 にた いみの ことば・はんたいの いみの ことば

学習日　月　日

ねらい　言葉の意味を考え、似た意味や反対の意味の言葉を見つけられるようになる。

★標準レベル

10分　／100　答え13ページ

1 つぎの ことばと はんたいの いみの ことばを えらんで、○を つけなさい。〈4点×4〉

(1) すくない ↔ ア（　）おおい　イ（　）おおきい

(2) ほそい ↔ ア（　）つよい　イ（　）ふとい

(3) せまい ↔ ア（　）ひろい　イ（　）ちかい

(4) うかぶ ↔ ア（　）しずむ　イ（　）とまる

2 つぎの ことばと はんたいの いみの ことばを、——で むすびなさい。〈4点×6〉

(1) みじかい・　・かう

(2) あさい・　・あがる

(3) うる・　・かたい

(4) はやい・　・ながい

(5) やわらかい・　・おそい

(6) さがる・　・ふかい

3 つぎの　ことばと　にた　いみの　ことばを、あとから　一《ひと》つ　えらんで　かきなさい。〈5点×6〉

(1) べんきょう

(2) しょうらい

(3) だいじ

(4) ほほえむ

(5) しゃべる

(6) はげます

はなす・がくしゅう・わらう・元気《げんき》づける・たいせつ・みらい

---

4 つぎの　――せんの　ことばと　はんたいの　いみの　ことばを　かきなさい。〈5点×6〉

(1) しあいに　まける。

(2) そとは　くらい。

(3) 力《ちから》が　つよい。

(4) あたらしい　くつ。

(5) まどを　あける。

(6) おもい　にもつ。

★★上級・最高レベル

20分

/100

答え14ページ

学習日　月　日

1 つぎの ――せんの ことばと はんたいの いみの ことばを かきなさい。〈2点×6〉

(1)
ア たかい 山《やま》。 [　　]
イ ねだんが たかい。 [　　]

(2)
ア くつを ぬぐ。 [　　]
イ ようふくを ぬぐ。 [　　]

(3)
ア あつい 本《ほん》。 [　　]
イ あつい おちゃ。 [　　]

---

2 つぎの〔　〕の ことばの うちで、いみが にて いない ものを 一《ひと》つ えらんで ○で かこみなさい。〈2点×7〉

(1)〔しかる・おしえる・おこる〕

(2)〔なげる・ほうる・まげる〕

(3)〔おそろしい・さびしい・こわい〕

(4)〔かかく・ねだん・おかね〕

(5)〔じゅんび・ほうほう・やりかた〕

(6)〔がんばり・どりょく・やくそく〕

(7)〔いきおい・うるさい・さわがしい〕

3 つぎの ――せんの ことばと はんたいの いみの ことばを、漢字《かんじ》を つかって かきなさい。〈2点×7〉

(1) 右に まがる。

(2) 大きい 石《いし》。

(3) うら口《ぐち》から 入る。

(4) かいだんを 上る。

(5) その ばに すわる。

(6) へやの そと。

(7) 下を むく。

---

4 つぎの ことばの くみあわせの うちで、はんたいの いみの ことばの くみあわせに なって いる ものには ○、なって いない ものには ×を つけなさい。〈1点×10〉

(1) さむい ― あつい （　）

(2) つよい ― かたい （　）

(3) あたらしい ― ふるい （　）

(4) つめたい ― すずしい （　）

(5) あまい ― うすい （　）

(6) ほそい ― ふとい （　）

(7) おもい ― ちいさい （　）

(8) ふかい ― ひくい （　）

(9) くらい ― あかるい （　）

(10) ゆるい ― たかい （　）

5

つぎの ことばと にた いみの ことばを 下《した》から えらんで、――で むすびなさい。〈3点×6〉

(1) きもち ・　　・ しんせつ

(2) たのしい ・　　・ がまん

(3) やさしい ・　　・ しんぱい

(4) はしる ・　　・ こころ

(5) しんぼう ・　　・ かける

(6) ふあん ・　　・ ゆかい

6

つぎの ――せんの ことばと にた いみの ことばを、下の □の はじめの 文字《もじ》と □の かずから かんがえて かきなさい。〈2点×6〉

(1) おそろしい ばけもの。

こ□□

(2) 犬《いぬ》に えさを やる。

あ□□

(3) はじめから やりなおす。

さ□□□

(4) うちゅうに かんしんが ある。

き□□□

(5) ひじょうに たのしい。

と□□

(6) けいこに はげむ。

れ□□□□

7 つぎの　文《ぶん》の　――せんの　ことばと　はんたいの　いみの　ことばを　かきなさい。〈2点×4〉

ぼくの　いえは　学校《がっこう》から　(1)とおいので
毎日《まいにち》　(2)ながい　じかん　あるきます。
にもつが　(3)おもい　日《ひ》や、天気《てんき》の
(4)わるい　日は　たいへんですが、
ともだちと　たのしく　あるいて　います。

(1)
(2)
(3)
(4)

8 (れい)のように、つぎの　ことばと　はんたいの　いみの　ことばを　つかって、文を　かんがえて　かきなさい。〈3点×4〉

(れい)　まける↓

やきゅうの　しあいで　かつ。

(1)　やわらかい

(2)　はやい

(3)　ふとい

(4)　かりる

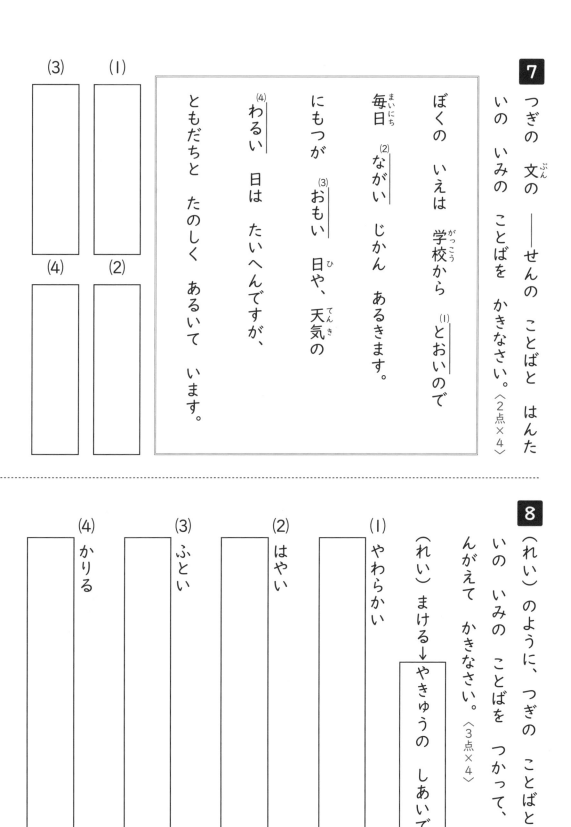

学習日　　月　　日

6 たぎご・むずかしい　ことばの　いみ

ねらい
読みが同じで意味がちがう言葉を、正しく使い分けられるようになる。

★ 標準レベル

10分

／100

答え 15ページ

1 つぎの　それぞれの　□に　あてはまる　ことばを　ひらがなで　かきなさい。〈5点×2〉

(1) 音楽《おんがく》を
くすりが
→ □

(2) やくに
たてものが
→ □

---

2 つぎの　〔　〕の　中《なか》の　漢字《かんじ》を、それぞれの　文《ぶん》の　——せんに　あう　ほうに　かきなさい。〈5点×6〉

(1) 〔日・火〕
ア おひさまが　てらす。　□
イ ひを　つける。　□

(2) 〔中・虫〕
ア こんちゅうを　とる。　□
イ いまは　しょくじちゅうだ。　□

(3) 〔九・休〕
ア きゅうにん　いる。　□
イ きゅうけいを　する。　□

3 つぎの　ことばに　正《ただ》しく　つづく　ことばを下《した》から　えらんで、――で　むすびなさい。おなじ　ことばに　二回《にかい》　むすんでも　よいです。
〈5点×6〉

(1) でんわを　・　　・　かえる
(2) いえに　・
(3) もちを　・　　・　つく
(4) たまごが　・
(5) かぎを　・　　・　かける
(6) ためいきを　・

---

4 つぎの　ことばに　正しく　つづく　ことばを、あとから　一《ひと》つ　えらんで　かきなさい。おなじ　ことばを　二回　つかっても　よいです。
〈5点×6〉

(1) 字を
(2) 目《め》が
(3) ピアノを
(4) かぜを
(5) スープが
(6) あせを

さめる・ひく・かく

★★ 上級・最高レベル

20分

/100

学習日　月　日

答え 15ページ

1 つぎの　それぞれの　文《ぶん》の　――せんに　あう　漢字《かんじ》を　かきなさい。〈2点×6〉

(1)
ア 秋田《あきた》けんを　かって　いる。
イ れんしゅうを　けんがくする。

(2)
ア せんえんさつを　出《だ》す。
イ せんせいと　出《で》あう。

(3)
ア 学校《がっこう》を　そうたいする。
イ ざっそうが　生《は》える。

2 つぎの　それぞれの　□に　きょうつうして　入《はい》る　ことばを、ひらがなで　かきなさい。〈4点×3〉

(1)
ア □を　つかって　しょくじする。
イ □を　わたって　むこうへ　いく。

(2)
ア あさから　□が　ふって　いる。
イ おやつに　□を　なめる。

(3)
ア げきで　ねこの　□を　する。
イ すみで　いもを　□。

3 つぎの それぞれの ことばの 中《なか》で、あとの ことばに 正《ただ》しく つづかない ことばを 一《ひと》つ 見《み》つけて ○を つけなさい。〈3点×4〉

(1) 〔せいせきが・ビルが・よごれが〕
↓ おちる

(2) 〔目《め》に・水《みず》に・こおりに〕
↓ うかぶ

(3) 〔テストを・すもうを・しゃしんを〕
↓ とる

(4) 〔いしゃに・子《こ》どもが・チャイムが〕
↓ なる

---

4 つぎの それぞれの ――せんの ことばの いみを あとから 一つ えらんで、きごうで こたえなさい。〈2点×6〉

(1)
① つなを ひく。（　）
② くじを ひく。（　）
③ じしょを ひく。（　）

ア しらべる
イ 一つを えらびとる
ウ ひっぱる

(2)
① 虫《むし》を とる。（　）
② 金《きん》メダルを とる。（　）
③ 出前《でまえ》を とる。（　）

ア とどけさせる
イ つかまえる
ウ 手《て》に 入《い》れる

5 つぎの　それぞれの　ことばに　あう　ことばを、下《した》から　一《ひと》つ　えらんで　かきなさい。ただし、下の　ことばは　一回《いっかい》ずつしか　つかえません。〈3点×6〉

(1) シャツ・はさみ　□

(2) なぞ・こおり　□

(3) はり・めぐすり　□

(4) どろ・うさぎ　□

(5) にっこう・ちゅうせん　□

(6) ペット・しょうひん　□

あたる　かう　はねる　きる　とける　さす

---

6 つぎの　それぞれの　――せんの　ことばの　いみを　あとから　一つ　えらんで、きごうで　こたえなさい。〈2点×6〉

(1) ① プレゼントを　あげる。（　　）

② 天《てん》ぷらを　あげる。（　　）

③ 右手《みぎて》を　あげる。（　　）

ア たかい　いちに　うごかす

イ あげものを　つくる

ウ あたえる

(2) ① 目《め》が　さめる。（　　）

② こうふんから　さめる。（　　）

③ コーヒーが　さめる。（　　）

ア たかぶった　気《き》もちが　おさまる

イ ねむりが　おわる

ウ おんどが　ひくくなる

7 つぎの ――せんの ことばを〔　〕の いみで つかう ばあいに、□に あてはまる ことばを あとから 一つ えらんで きごうで こたえなさい。〈2点×5〉

(1) ① □に かえる。〔もどる〕（　　）

② □に かえる。〔こうかんする〕（　　）

ア あたらしい もの　**イ** いえ

(2) ① □に うつす。〔ばしょを かえる〕（　　）

② □に うつす。〔見《み》えるように する〕（　　）

③ □に うつす。〔かきとる〕（　　）

ア スクリーン　**イ** かご

ウ ノート

---

8 つぎの それぞれの ことばの いみから かんがえて どちらにも あてはまる おなじ よみの ことばを、あとから 一つ えらんで かきなさい。〈4点×3〉

(1) ○体《からだ》の ちょうし。

○あつまった 人《ひと》たちの リーダー。

(2) ○正《ただ》しくて、たしかな こと。

○その 人の かんじかたや かんがえかたの とくちょう。

(3) ○できごとを つたえる、しんぶんの 文章《ぶんしょう》。

○ぬのや おりものの こと。

きじ・たいちょう・せいかく

復《ふく》習《しゅう》テスト②

15分

/100

答え16ページ

学習日　月　日

1 つぎの　かなづかいの　正《ただ》しい　ほうを　えらんで、○を　つけなさい。〈5点×4〉

(1)
ア（　）とおくに　おおかみが　いる。
イ（　）とうくに　おうかみが　いる。

(2)
ア（　）ケエキに　ろおそくを　たてる。
イ（　）ケーキに　ろうそくを　たてる。

(3)
ア（　）おおさまが　ほおびを　やる。
イ（　）おうさまが　ほうびを　やる。

(4)
ア（　）どうしても　むずかしい。
イ（　）どおしても　むづかしい。

2 つぎの［　］の　ことばに「は」「を」「へ」を　つけて、正しい　文《ぶん》に　かきなおしなさい。〈完答7点×4〉

(1)［おとうさん　かいしゃ　いきます。］

(2)［おとうと　おもちゃ　かたづける。］

(3)［えき　おばあちゃん　むかえに　いく。］

(4)［ぼく　手《て》　あげて　こたえ　いう。］

3 つぎの 文の ――せんの ことばと はんたいの いみの ことばを かきなさい。〈7点×4〉

この 先《さき》は (1)くらい 森《もり》に なって いて とても (2)きけんです。一人《ひとり》で いくのは とても (3)しんぱいだと いって ははに ぼうけんを (4)はんたいされました。

(1)

(2)

(3)

(4)

4 つぎの それぞれの ことばの いみから かんがえて どちらにも あてはまる おなじ よみの ことばを、あとから 一《ひと》つ えらんで かきなさい。〈8点×3〉

(1)
○さぎょうを すすめて いく 手順《てじゅん》。
○学校《がっこう》の うんどうじょう。

(2)
○じぶんの 力《ちから》を しんじる 気《き》もち。
○じめんが ゆれる こと。

(3)
○しめりけが ない こと。
○なにかに ついて おもった こと。

かんそう・こうてい・じしん

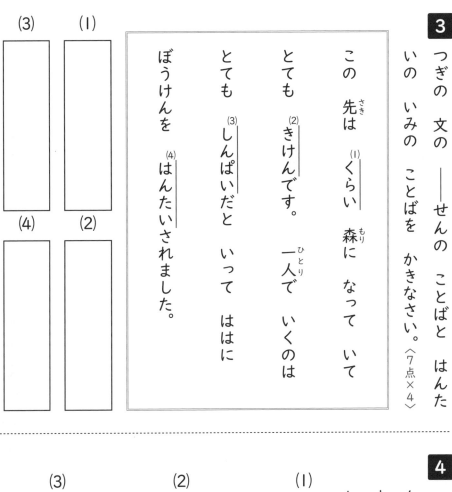

7 、。「」の つかいかた

ねらい 句読点（、。）やかぎかっこ（「」）を正しくつけた文を書く力を身につける。

学習日　月　日

★標準レベル

10分

／100

答え17ページ

1 つぎの □の 中《なか》に 、（てん）か 。（まる）の 正《ただ》しい ほうを 入《い》れなさい。〈完答6点×2〉

(1) わたしの おにいさんは □ サッカーが とても すきです □

(2) ぼくは 「おはようございます □」と 元気《げんき》よく あいさつしました □

2 つぎの 、（てん）や 。（まる）の つけかたの 正しい ほうを えらんで ○を つけなさい。〈8点×3〉

(1)
ア（　）そとは あつそうだ。だから。水《すい》とうを もって いこう。
イ（　）そとは あつそうだ。だから、水とうを もって いこう。

(2)
ア（　）わたしは おばさんと、二人《ふたり》で、かいものに いきました、
イ（　）わたしは、おばさんと 二人で かいものに いきました。

(3)
ア（　）「いまからでも だいじょうぶ。」と、先生《せんせい》が いいました。
イ（　）「いまからでも。だいじょうぶ」と、先生が いいました。

3 つぎの「」(かぎかっこ)の つけかたの 正しい ほうを えらんで ○を つけなさい。〈8点×3〉

(1)
ア( )「今日《きょう》は なにを しようかな。」と、ぼくは たずねました。
イ( )今日は「なにを しようかな。」と、ぼくは たずねました。

(2)
ア( )いもうとは「にっこり わらい、いいね。」と いいました。
イ( )いもうとは にっこり わらい、「いいね。」と いいました。

(3)
ア( )「わたしに ぜんぶ まかせて。」大《おお》きな こえで いいました。
イ( )「わたしに ぜんぶ まかせて 大きな こえで。」いいました。

---

4 つぎの 、(てん)や 。(まる)や 「」(かぎかっこ)の つけかたが 正しければ ○を、まちがって いれば ×を つけなさい。〈8点×5〉

(1)( )ぼくは、本《ほん》を よむのが、すきです。
(2)( )へやは エアコンが きいて いて、とても 「すずしかったです。」
(3)( )いえを でると、ねこが 「ニャア。」と なく こえが きこえた。
(4)( )「あそんで いいと いったけれど、けじめは きちんと つけなさい。」
(5)( )スーパーには かぼちゃ はくさい にんじん、などの やさいが あった。

★★ 上級・最高レベル

20分

/100

答え 17 ページ

学習日　月　日

1 つぎの 正《ただ》しい ところに 。（まる）を つけなさい。〈完答3点×4〉

(1) 花《はな》が たくさん さいて いる なんという 名前《なまえ》の 花だろう あとで しらべて みよう

(2) 雨《あめ》が ふった あと、校庭《こうてい》に 水《みず》たまりが できたので、きょうしつで あそびました

(3) ゆめを 見《み》ました 空《そら》を とぶ ゆめです まるで とりに なった 気分《きぶん》でした

(4) おかあさんが つくって くれた カレーは、とても おいしかったです おとうさんは 二《に》はいも おかわりしました すごいなあ

2 つぎの もっとも 正しい ところに 、（てん）を 一《ひと》つ つけなさい。〈3点×6〉

(1) きのうの よる ぼくは ゆめを 見た。

(2) ろうかが ぬれて いるから はしると あぶないよ。

(3) 犬《いぬ》を つれた おじいさんが わたしに あいさつを しました。

(4) おにいさんは いつでも やさしいので みんなに すかれて います。

(5) とつぜんですが あなたに ききたい ことが あります。

(6) いつの 日《ひ》か 富士山《ふじさん》に のぼりたいな。

3 つぎの 正しい ところに 「」(かぎかっこ)を つけなさい。〈完答3点×5〉

(1) 先生《せんせい》が ぼくたちに やあ、おはよう。と いいました。

(2) 今日《きょう》は とても たのしかったね。そう いって、おねえさんは ほほえみました。

(3) でんわに 出《で》ると もしもし、山本《やまもと》です。田《た》中《なか》さんですか。という こえが きこえた。

(4) おじさんに きみは いくつですか。と きかれたので、六《むっ》つです。と こたえました。

(5) わたしは いいました。がんばれば、いいことが あるよ。おにいさんは うなずいて そうだね。と いいました。

4 つぎの 正しい ところに 。(まる)や 「」(かぎかっこ)を つけなさい。〈完答3点×4〉

(1) さって いく ともだちに 手《て》を ふって、わたしは さけびました また あおうね

(2) ぼくは せきを 立《た》ち、先生、しつもんが あります いいですか と たずねました もちろん と 先生が いいました

(3) おばさんは きて くれて ありがとうね あえて うれしかった こんどは 車《くるま》で おでかけ しようね と いいました

(4) こんばんは あわない うちに 大《おお》きく なったね と わたしの おかあさんが いうと、いとこの みのるくんは わらって いいました 一年《いちねん》ぶり だからね

5 つぎの 文《ぶん》の もっとも 正《ただ》しい ところに 、(てん)と 。(まる)を 一《ひと》つずつ つけなさい。〈完答4点×4〉

(1) ああ いったい どういう ことなんだ ぼくの 自転車《じてんしゃ》が ない。

(2) 「よく がんばったね、すごいよ」と 先生《せんせい》は あかるい えがおで、ぼくに いいました。

(3) 今日《きょう》は、たのしみに して いた まつりの 日《ひ》 わたしは ゆかたを きて かぞくの みんなと でかけました。

(4) さわやかな 空気《くうき》が ここちよい 日曜日《にちようび》の あさでした。みどりが とても きれいです キャンプに きて よかった、と わたしは おもいました。

6 つぎの 文の 、(てん)や 。(まる)や 「」(かぎかっこ)の おかしな ところを 正しく なおして、文を かきなおしなさい。〈完答6点×2〉

(1) ぼくの、いちばんの ともだちが 来年《らいねん》 ひっこすと きき。とても おどろきました。

(2) 「おとうさんは あきらめない ことが 大切《たいせつ》 だよ。」と わたしに いいました

7 つぎの 文章《ぶんしょう》を よんで、下《した》の もんだいに こたえなさい。〈3点×5〉

今日は たいいくの じかんに。おにあそびを しました。わたしは はしるのが はやく ないので、

あんまり やりたく ないなあ。

と、ともだちの みかちゃんに いいました。

わたしが おにに なったら、見《み》のがして あげる。

みかちゃんは くすっと わらいました。みかちゃんは クラスで いちばん 足《あし》が はやくて なわとびも とくいです。

さあ、みんな。がんばろう。

先生の こえが きこえて きました。

元気《げんき》な こえを きいて、わたしは、がんばって みよう と おもいました。

---

(1) 文章の 中《なか》に 「」(かぎかっこ)の つく 文が 三《みっ》つ あります。「」を つけて すべて かきなさい。

[　　　　]

[　　　　]

[　　　　]

(2) 文章の 中で 、(てん)や 。(まる)の つけかたが まちがって いる ところに ×を つけて、よこに 正しく かきなさい。

(3) みかちゃんは クラスで いちばん 足が はやくて なわとびも とくいです。に 、(てん)を 一つ つけなさい。

[みかちゃんは クラスで いちばん 足が はやくて なわとびも とくいです。]

8 文節《ぶんせつ》と たんご

学習日　月　日

ねらい
文を文節や単語に正しく分けて、言葉や言葉のかかり合う関係がわかる力をつける。

★標準レベル

10分

/100

答え 18ページ

1 つぎの 文《ぶん》の じゅつご（「どうする・どんな・なんだ・いる・ない」などを いみする ことば）を □で かこみなさい。〈5点×3〉

(1) 今日《きょう》、わたしは 学校《がっこう》に いきました。

(2) よく はれた 空《そら》が、とても きれいです。

(3) とおくに 見《み》えて いる、赤《あか》い やねの たてものが、としょかんです。

2 つぎの 文の しゅご（「～が――する」「～が――だ」の「～」の ぶぶん）に ――せんを ひきなさい。〈6点×6〉

(1) ぼくは いもうとに 手《て》を ふりました。

(2) 正午《しょうご》に とけいの ベルが なります。

(3) ひかりが カーテンごしに ふりそそぎます。

(4) ゆっくりと 休《やす》んで、元気《げんき》が 出《で》ました。

(5) こんなに やさしい 人《ひと》に あえるなんて、わたしは 本当《ほんとう》に しあわせです。

(6) おとうとは おじさんと 出かけて いて、ここには いません。

3 つぎの 文の ——せんの ことばが くわしく して いる ところを ぬき出《だ》しなさい。〈6点×4〉

〔れい〕 あたたかい かぜが ふきました。 〔 かぜが 〕

(1) おいしい パンを たくさん たべました。 〔　　〕

(2) わたしは 本《ほん》を よく よむ ほうです。 〔　　〕

(3) 今日は たぶん もう、だれも ここには こないだろうと おもいます。 〔　　〕

(4) いつも おとうとは おにいさんよりも、ねるのが とても 早《はや》いです。 〔　　〕

---

4 つぎの 文の □に 入《はい》る ことばを あとから 一《ひと》つ えらんで きごうを かきなさい。〈5点×5〉

(1) ほしが □ ひかって います。 □

(2) 雨《あめ》が □ ふって きました。 □

(3) 木《き》が □ そだって います。 □

(4) さかなが □ およいで います。 □

(5) 赤《あか》ちゃんが □ わらいました。 □

ア にこにこ　**イ** きらきら
ウ ぱらぱら　**エ** すくすく
オ すいすい

★★ 上級・最高レベル

20分

/100

学習日　月　日

答え19ページ

1 つぎの 文《ぶん》の ――せんの ことばが くわしく して いる ところを ぬき出《だ》しなさい。〈6点×3〉

(1) あたたかい たきたての 白《しろ》い ごはんが、ちゃわんに もられて います。

(2) きみは 本当《ほんとう》に、かれが 一人《ひとり》で ここに きたと おもいますか。

(3) ぼくは けっして うそを つきません。

---

2 つぎの 文の しゅごに ――せんを ひいて、じゅつごを □で かこみなさい。〈完答3点×5〉

(1) わたしの たからものは、おばあさんに もらった マフラーです。

(2) 「そとから かえったら、かならず 手《て》を あらいなさい。」と おじさんが いいました。

(3) こんやは ずっと つづく 雨《あめ》の せいで、ほしが 見《み》えません。

(4) わたしも おとうさんや おかあさんのような、りっぱな 大人《おとな》に なりたいです。

(5) さいごまで くじけずに、よく がんばりましたね、みなさんは。

3 つぎの 文は あとの **ア**〜**ウ**の どれに あたりますか。一《ひと》つ えらんで きごうを かきなさい。〈3点×5〉

(1) ぼくは 毎日《まいにち》 六時《ろくじ》に おきます。 □

(2) わたしは 小学一年生《しょうがくいちねんせい》です。 □

(3) 夕日《ゆうひ》が とても きれいです。 □

(4) ひこうきが 空《そら》を とんだ。 □

(5) しんじる ことが 大事《だいじ》です。 □

ア なにが（は）―どうする（うごき）
イ なにが（は）―どんなだ（ようす）
ウ なにが（は）―なんだ（ものの なまえ）

4 つぎの 文の □に 入《はい》る ことばを あとから 一つ えらんで きごうを かきなさい。〈3点×5〉

(1) □ うまく いくでしょう。 □

(2) □ シャワーのような 雨。 □

(3) □ つらくても やめません。 □

(4) □ うそを ついたのですか。 □

(5) □ 力《ちから》を かして ください。 □

ア まるで　**イ** どうか
ウ たとえ　**エ** きっと
オ どうして

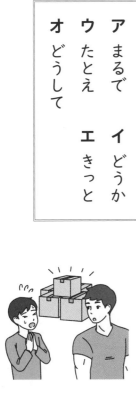

5 つぎの　文《ぶん》の　ようすを　あらわす　ことばを　あとから　一《ひと》つ　えらんで　きごうを　かきなさい。〈3点×4〉

(1) うれしそうに　わらう　ようす。 □

(2) 大《おお》きな　こえで　わらう　ようす。 □

(3) ひかえめに　わらう　ようす。 □

(4) いじわるそうに　わらう　ようす。 □

ア にこにこ　**イ** くすくす
ウ げらげら　**エ** にやにや

6 つぎの　ことばに　つづけて　よんだ　ときに、正《ただ》しい　文に　なる　じゅんに、**ア**〜**ウ**を　ならびかえなさい。〈完答5点×2〉

(1) わたしが
ア くには
イ アメリカです
ウ いって　みたい

□ → □ → □

(2) 雨《あめ》が
ア おさまりました
イ やんで
ウ かぜも

□ → □ → □

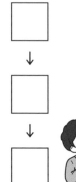

7 つぎの　文章《ぶんしょう》を　よんで、下《した》の　もんだいに　こたえなさい。〈3点×5〉

小《ちい》さな　雨《あま》つぶが　A　ふって　きました。わたしは　かさを　さして、学校《がっこう》に　むかう　みちを　あるきました。

しずかに　B　と　ふる　雨でした。わたしの　まえには、青《あお》い　かさを　さした　ともくんが　います。

しばらく　あるいて　いると、雨が　きゅうに　つよく　なりました。C　ふって　きます。

「かさを　さしても　ずぶぬれに　なりそうだ。いそごう。」

ともくんは　わたしに　いうと、足《あし》を　はやめました。わたしは、【あぶないので　ころんだら　すべって　とても】、ちゅういしようと　おもいました。

(1) A～C に　入《はい》る　ことばを　あとから　一つ　えらんで　きごうを　かきなさい。

A [　]　B [　]　C [　]

ア　ざあざあ　　イ　しとしと
ウ　ぽつぽつ

(2) まえには　が　くわしくする　ことばを　ぬき出《だ》しなさい。

[　　　]

(3) 【　】の　中《なか》の　ことばを　まえと　あとの　ことばに　正しく　つながるよう、ならべかえて　かきなさい。

[　　　]

9 ていねいな いいかた

学習日　　月　　日

ねらい　ていねいな言い方の、「お・ご」や「です・ます」を正しく使えるようになる。

★標準レベル

10分　　/100　　答え20ページ

1 つぎの 文《ぶん》の □に 「お」 または 「ご」 を かき入《い》れなさい。〈5点×3〉

(1) ぼくは □にくが すきです。

(2) 大《おお》きな □しろが たって います。

(3) なにか □しつもんは ありますか。

2 つぎの 文の ――せんの 「お」 または 「ご」 の つかいかたが 正《ただ》しい ほうに ○を つけなさい。〈5点×5〉

(1)
ア（　）先生《せんせい》に ごあいさつします。
イ（　）先生に おあいさつします。

(2)
ア（　）お子《こ》さんは ごいくつですか。
イ（　）お子さんは おいくつですか。

(3)
ア（　）おいしい おサラダですね。
イ（　）おいしい おやさいですね。

(4)
ア（　）ゆっくり ご休《やす》み ください。
イ（　）ゆっくり お休み ください。

(5)
ア（　）おのみものを どうぞ。
イ（　）ごのみものを どうぞ。

3 つぎの 文の ――せんの ていねいな いいかたが 正しければ ○を、まちがって いれば ×を つけなさい。〈5点×6〉

(1)（　）どうも ありがとうです。

(2)（　）今日《きょう》は 本当《ほんとう》に さむいです。

(3)（　）おとうさんは へやに いません。

(4)（　）みなさん、こんばんはございます。

(5)（　）せきに おすわり ください。

(6)（　）校長《こうちょう》先生さまの はなしを みんなで ききました。

4 つぎの ことばを れい に ならって ていねいな いいかたに かえなさい。〈5点×6〉

れい 見《み》る → 見ます

(1) たべる → 〔　　〕

(2) ひろう → 〔　　〕

(3) する → 〔　　〕

(4) 入《はい》った → 〔　　〕

(5) 小学生《しょうがくせい》だ → 〔　　〕

(6) 雨《あめ》だった → 〔　　〕

★★ 上級・最高レベル

20分

/100

答え 20ページ

学習日 月 日

1 つぎの 文《ぶん》の □に 「お」 または 「ご」を かき入《い》れなさい。〈1点×10〉

(1) □にもつを □あずかりします。

(2) □でんわで □そうだん ください。

(3) 大切《たいせつ》な □手紙《てがみ》を なくさないように、□ちゅうい ください。

(4) □けっこん おめでとうございます。とても □しあわせそうですね。

(5) □じゅうしょと □なまえを ここに かいて ください。

---

2 つぎの 文の ――せんの 「お」 または 「ご」の つかいかたが すべて 正《ただ》しければ ○を、まちがって いれば ×を つけなさい。〈2点×5〉

(1) （　）おてらに おまいりしました。

(2) （　）おざしきの ごかたづけ ごくろうさまです。

(3) （　）おちゃわんに もられた ごはんを おはしで たべます。

(4) （　）おふろと おしょくじの あとは、おゆっくりして ください。

(5) （　）おひめさまは いつも おきれいな おようふくを きて います。

3 つぎの 文の 「お」 または 「ご」 の 中《なか》で、つかわれかたが 正《ただ》しく ない ものに ―― せんを ひきなさい。〈3点×5〉

⑴ おとうふ、おさかな、おたまごの 入《はい》った おりょうりを つくります。

⑵ ごちゅうもんの ごしなものを おとどけしました。

⑶ おごはんと おみそしるの おかわりを どうぞ。

⑷ 先生《せんせい》の お母《かあ》さまは いつまでも ごわかく、おうつくしい。

⑸ お休《やす》みの 日《ひ》には、ご山《やま》に お出《で》かけして みたい。

---

4 つぎの 文を ていねいな 文に かきなおしなさい。〈完答3点×5〉

⑴ 金《かね》の 入った ふくろが ある。

「　　　」

⑵ さらが ゆかに おちて われた。

「　　　」

⑶ きのうは いい 天気《てんき》だった。

「　　　」

⑷ かしと ジュースを かおう。

「　　　」

⑸ それは 先生の ものでは ない。

「　　　」

5 つぎの　文《ぶん》の　――せんの　ていねいな　いいかたの　ことばを　ふつうの　いいかたに　かきかえなさい。〈3点×5〉

(1) どちらが　正《ただ》しいのですか。
［　　　］

(2) おもしろい　ことを　いいますね。
［　　　］

(3) とにかく　入《はい》りましょう。
［　　　］

(4) つらくても　あきらめません。
［　　　］

(5) 一言《ひとこと》も　はなして　くれませんでした。
［　　　］

6 つぎの　文の　――せんを　ていねいな　いいかたに　かきかえなさい。〈3点×5〉

(1) ろうかを　はしっては　いけない。
［　　　］

(2) いったい　なにが　あるのだろうか。
［　　　］

(3) むこうに　いるのは　だれだ。
［　　　］

(4) だれも　学校《がっこう》に　こなかった。
［　　　］

(5) こちらを　見《み》ろ。
［　　　］

7 つぎの 文章《ぶんしょう》を よんで、下《した》の もんだいに こたえなさい。〈5点×4・(2)完答〉

今日《きょう》は いとこの エリナちゃんの うちに、ひっこしの 手《て》つだいに きて います。

「いっしょに おへやを かたづけましょう。」

エリナちゃんが いいました。

わたしは、たたんだ ふくを はこに【入《い》れたが、うまく いかない。】

「むりを しなくて [A]。」

エリナちゃんの おにいさんが、わたしに いいました。

「ここは ぼくらに まかせてよ。二人《ふたり》は そとで あそんで おいで。」

「はい、[B]。」

わたしは ていねいに こたえてから、エリナちゃんに わらいかけました。

「それじゃあ、おそとに いきましょう。」

---

(1) ——せんの 文には、「お」を いくつ つける ことが できますか。漢数字《かんすうじ》で こたえなさい。

［　　　］

(2) 【　】の 中《なか》の ことばを ていねいな いいかたに かきかえなさい。

［　　　］

(3) [A]に あてはまる ことばを 一《ひと》つ えらんで ○を つけなさい。

ア（　）いいよ　イ（　）いいですよ

(4) [B]に あてはまる ことばを 一つ えらんで ○を つけなさい。

ア（　）わかった　イ（　）わかりました

復《ふく》習《しゅう》テスト③

10分

/100

答え 21ページ

学習日　月　日

1 つぎの 文《ぶん》の もっとも 正《ただ》しい ところに 、（てん）と 。（まる）を 一《ひと》つずつ つけなさい。〈完答5点×2〉

(1) ぼくの すきな ポテトが おべんとうに は いって いました

(2) 「今日《きょう》は しゅくだいが おわったので 早《はや》く ねるよ。」と、わたしは いいました

2 つぎの 文の しゅごに ——せんを ひいて、じゅつごを □で かこみなさい。〈完答6点×5〉

(1) おにいさんの だいすきな サッカーは、十《じゅう》一人《いちにん》で する スポーツです。

(2) 「夕《ゆう》ごはんは ハンバーグに するわよ。」と おかあさんが いいました。

(3) ふだんは 人《ひと》で いっぱいの おみせが、いまは とても しずかです。

(4) わたしも 大《おお》きく なったら、いろんな ところに いきたいです。

(5) やっと とどきました、ぼくたちの ずっと よみたかった 本《ほん》が。

3 つぎの 文の □ に 入《はい》る ことばを あとから 一つ えらんで きごうを かきなさい。〈6点×5〉

(1) □ おすわり ください。 □

(2) □ ここに きたのですか。 □

(3) □ しっぱいしても あきらめるな。 □

(4) □ ゆめのようです。 □

(5) □ 明日《あす》は はれるでしょう。 □

ア たぶん	**イ** なぜ
ウ まるで	**エ** たとえ
オ どうぞ	

4 つぎの 文の ――せんを すべて なおして、ていねいな 文に かきかえなさい。〈完答6点×5〉

(1) にくか さかな、どちらを たべたいか。

［　　　　］

(2) みせの 中《なか》には だれも いない。

［　　　　］

(3) てらに おまいりに いこう。

［　　　　］

(4) きゃくが 三人《さんにん》しか こなかった。

［　　　　］

(5) あいさつを させて くれ。

［　　　　］

思《し》考《こう》力《りょく》問《もん》題《だい》にチャレンジ①

10分　　／100　　答え22ページ

学習日　　月　　日

1 つぎの 文《ぶん》を よんで、あとの 文の［　　］に 入《はい》る ことばを かきなさい。〈5点×2〉

(1) ぼくは、わらって テレビを 見《み》て いる いもうとを よんだ。

(2) ぼくは わらって、テレビを 見て いる いもうとを よんだ。

(1)の 文では、わらって いるのは［　　　　］です。(2)の 文では、わらって いるのは［　　　　］です。

---

2 つぎの □に 入る ことばを、れいに ならって ひらがなで かきなさい。〈10点×4〉

れい　［みず］を（かける・ながす・ひく）

(1)　□を（つく・やく・まるめる）

ヒント お正月《しょうがつ》に たべたかな?

(2)　□を（たつ・ゆずる・おさえる）

ヒント きょうしつや 車《くるま》の 中《なか》に あるよ!

(3)　□を（見る・かたる・かなえる）

ヒント ねむって いても 見ます……。

(4)　□を（あける・つぐむ・きく）

ヒント かおの 一《いち》ぶぶんです。

3 つぎの 文の □に 入る、はんたいの いみの ことばを、れいに ならって ひらがなで かきなさい。〈5点×8〉

れい 水《みず》は うえ から した に むかって、ながれます。

(1) □□ と □□□ を 見てから、おうだんほどうを わたりましょう。

(2) シャツの □□ と □□□ を、さかさまに きて いますよ。

(3) ねだんの □□□ 本《ほん》と □ □□ 本の 二《に》さつを かいました。

(4) チームに かつ □□□ チームが、□□□ ことも あります。

---

4 つぎの 文章《ぶんしょう》を よんで、あとの もんだいに こたえなさい。〈10点〉

山本《やまもと》さん「おはようございます。」
田中《たなか》さん「やあ、おはよう。キャンプは たのしかったかい。」
木村《きむら》さん「いいな。ぼくも きみと いっしょに 行《い》きたかったよ。」
田中さん「こんどは 木村さんも 行けると いいね。」
木村さん「はい、そうですね。」

この 文章では、二人《ふたり》の 生徒《せいと》と、先生《せんせい》が はなして います。先生の 名前《なまえ》を かきなさい。

［　　　］

学習日　　月　　日

10 つなぎことば・文と 文の かんけい

ねらい　文の意味を読み取り、文章の流れを理解して、つなぎ言葉を正しく選べるようになる。

★標準レベル

10分　　/100　　答え23ページ

1 つぎの ――せんの つなぎことばが 正《ただ》しければ ○を、まちがって いれば ×を つけなさい。〈9点×3〉

(1)（　）ねつが あります。だから、学校《がっこう》を 休《やす》みました。

(2)（　）大雨《おおあめ》が ふって います。だから、そとで あそびました。

(3)（　）犬《いぬ》が とても こわいです。だから ぜったいに にげません。

2 つぎの つなぎことばの つかいかたが 正しい ほうに、○を つけなさい。〈8点×2〉

(1)
ア（　）ここに ナイフが あります。でも、フォークは ありません。
イ（　）ここに ナイフが あります。それに、フォークは ありません。

(2)
ア（　）ぼくは やさいが すきです。でも、トマトジュースだけは あまり すきでは ありません。

イ（　）ぼくは やさいが すきです。それに、トマトジュースだけは あまり すきでは ありません。

3 つぎの □ に あてはまる つなぎことばを 一《ひと》つ えらんで、○を つけなさい。〈9点×3〉

(1) おやつは クッキーが いいですか。
□、おせんべいが いいですか。
ア（　）なぜなら　**イ**（　）つまり
ウ（　）それとも

(2) 一生《いっしょう》けんめい がんばりました。
□、まけたく なかったからです。
ア（　）なぜなら　**イ**（　）つまり
ウ（　）それとも

(3) ヒロくんは ぼくの おとうさんの おにいさんの 子《こ》どもです。
□、ぼくの いとこです。
ア（　）なぜなら　**イ**（　）つまり
ウ（　）それとも

---

4 つぎの □ に あてはまる つなぎことばを、あとから 一つ えらんで きごうを かきなさい。〈10点×3〉

(1) おじさんに あった ことは あります。
□、よく おぼえて いません。　□

(2) よるに なったら、本《ほん》を よもうか。
□、テレビを 見《み》ようか。　□

(3) おねえさんは うたが とくいです。
□、ダンスも 上手《じょうず》です。　□

ア それに　**イ** でも　**ウ** または

10分

／100

答え23ページ

学習日　月　日

1

つぎの　つなぎことばと　おなじ　はたらきを　する　ものを　えらんで、○を　つけなさい。〈8点×5〉

(1) でも
ア（　）だが　イ（　）そして

(2) だから
ア（　）しかし　イ（　）そのため

(3) それに
ア（　）たとえば　イ（　）そのうえ

(4) または
ア（　）あるいは　イ（　）さらに

(5) しかも
ア（　）なぜなら　イ（　）そのうえ

2

つぎの □ に　あてはまる　つなぎことばを　一《ひと》つ　えらんで、○を　つけなさい。〈8点×3〉

(1) ぼくは　ラグビーが　すきです。□、サッカーや　やきゅうも　すきです。
ア（　）つまり　イ（　）それに
ウ（　）たとえば

(2) いい　お天《てん》気《き》ですね。□、しゅくだいは　すみましたか。
ア（　）ところで　イ（　）でも
ウ（　）つまり

(3) わたしは　まどを　あけました。□、ここちよい　かぜが　へやの　中《なか》に　入《はい》って　きました。
ア（　）それとも　イ（　）すると
ウ（　）なぜなら

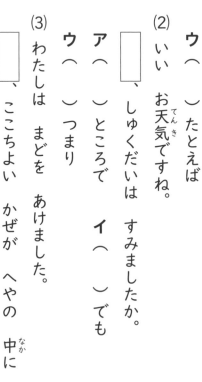

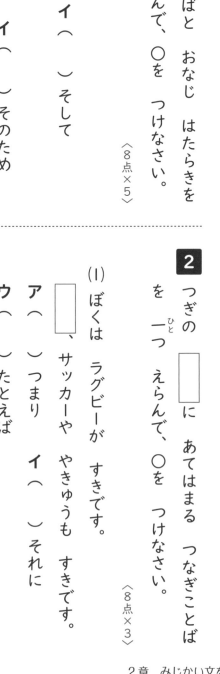

3 つぎの □ に あてはまる つなぎことばを あとから 一つ えらんで きごうを かきなさい。〈6点×3〉

(1) かえったら 手《て》を あらいました。
□、うがいも しました。 □

(2) せかいには いろいろな くにが あります。
□、アメリカです。 □

(3) 今日《きょう》も よく がんばったよ。
□、いい とけいを して いるね。 □

ア ところで　イ そして
ウ たとえば

---

4 つぎの □ に あてはまる ことばを あとから 一つ えらんで きごうを かきなさい。〈6点×3〉

(1) ごはんを たくさん たべ□、
まだ おなかが すいて います。 □

(2) レストランで ごはんを たべ□、
おちゃを のんだり しました。 □

(3) ごはんを たべ□、みんなで そとに
出《で》かけましょう。 □

ア たら　イ たり
ウ ても

20分

学習日　月　日

/100

答え 24ページ

1 つぎの 中《なか》から おなじ はたらきを する つなぎことばを 二《ふた》つ えらんで、それぞれ ○を つけなさい。〈完答3点×5〉

(1) **ア**（　）しかし　**イ**（　）あるいは　**ウ**（　）ところが

(2) **ア**（　）または　**イ**（　）さて　**ウ**（　）では

(3) **ア**（　）さらに　**イ**（　）そのうえ　**ウ**（　）たとえば

(4) **ア**（　）だから　**イ**（　）つまり　**ウ**（　）そのため

(5) **ア**（　）または　**イ**（　）はじめに　**ウ**（　）まず

2 つぎの [a]・[b] に あてはまる つなぎことばを、あとから 一回《いっかい》ずつ えらんで きごうを かきなさい。〈3点×4〉

(1) ぼくは いえに むかって あるきました。[a]、雨《あめ》が ふって きました。[b]、かさを ささずに かえりました。

a [　]　b [　]

(2) あたりは もう まっくらでした。[a]、まわりに 人《ひと》も いません。[b]、すこし こわく なりました。

a [　]　b [　]

ア だから　**イ** すると
ウ しかも　**エ** でも

3 つぎの 文《ぶん》を れい に ならって 二つの 文に わけなさい。〈3点×2〉

れい しゅくだいが おわったので、テレビを 見《み》る ことに しました。

しゅくだいが おわりました。
だから、テレビを 見る ことに しました。

(1) へやで 本《ほん》を よんで いたら、そとで 大《おお》きな 音《おと》が しました。

(2) なんども やって みたのに、どうしても うまく いかない。

4 つぎの 文を れい に ならって 一《ひと》つの 文に しなさい。〈3点×2〉

れい 今日《きょう》は とても つかれて います。だから、早《はや》く 休《やす》みましょう。

今日は とても つかれて いますから、早く 休みましょう。

(1) わたしは、犬《いぬ》が すきです。また、ねこも すきです。

(2) ぼくの チームが かちました。なぜなら、みんなで がんばったからです。

5 つぎの □に あてはまる つなぎことばを ひらがなで かきなさい。〈3点×5〉

(1) どこかへ あそびに いきましょう。 □□□、うみは どうですか。

(2) えんぴつで 名前《なまえ》を かいて ください。 □□□、ペンでも いいですよ。

(3) 今日《きょう》は ねむいです。 □□□、早《はや》く おきたからです。

(4) これで はなしは おわりです。 □□□、あの 人《ひと》は だれですか。

(5) これから カレーを つくります。 □□、やさいを きりましょう。

---

6 つぎの □に あてはまる ひらがなを かきなさい。〈4点×7〉

(1)
① クラスの みんなに ほめられ□、うれしく なりました。
② クラスの みんなに ほめられる□、うれしく なります。
③ クラスの みんなに ほめられた□、きっと うれしいでしょう。

(2)
① わたしは ラジオを ききな□□、ごはんを たべます。
② もしも ラジオを きかない□□、スイッチは きりましょう。
③ ぼくは ラジオを きかない□□、よく しりません。
④ ぼくは ラジオを きかない□□、よく しって います。

7 つぎの 文章《ぶんしょう》を よんで、下《した》の もんだいに こたえなさい。

　今日は みなさんに 「あ」で はじまる、二《ふた》つの 大切《たいせつ》な ことばを つたえたいと おもいます。

　［A］、「ありがとう」です。［B］、おかあさんが おべんとうを つくって くれた とき、みなさんは 「ありがとう」と いって いますか。いつも かんしゃの 気《き》もちを もって、それを ことばで あらわして ほしいと おもいます。

　［C］、「あきらめない」です。ときには つらい ことも ［D］、けっして あきらめないで ください。［E］、あきらめたら、それまでの どりょくが むだに なって しまうからです。じぶんを しんじましょう。そうすれば、みちが ひらけるでしょう。

(1) ［A］・［B］・［C］・［E］に 入《はい》る つなぎことばを あとから 一《ひと》つ えらんで きごうを かきなさい。〈3点×4〉

A □　B □　C □　E □

ア たとえば　**イ** つぎに
ウ まずは　**エ** なぜなら

(2) ［D］に あてはまる ことばを 一つ えらんで ○を つけなさい。〈3点〉

ア（　）あったなら　**イ**（　）ありますが
ウ（　）ありまして　**エ**（　）ありますと

(3) ――せんの 文章を 一つの 文に しなさい。〈3点〉

［　　　　］

2章

11 こそあどことば

みじかい文《ぶん》を よむ

学習日 月 日

ねらい こそあど言葉を使い分けるとともに、指している内容を理解する。

★標準レベル

10分 ／100 答え25ページ

1 つぎの 文《ぶん》から こそあどことばを えらんで、□で かこみなさい。〈完答10点×2〉

(1) この おかしは そこに ありました。どんな あじが するでしょうか。

(2) あちらに いるのが ぞうです。ここから 見《み》ても その 大《おお》きさが わかります。

2 つぎの □に あてはまる こそあどことばを 一《ひと》つ えらんで、○を つけなさい。〈8点×3〉

(1) □で あそんでは いけませんよ。

ア（　）この　**イ**（　）ここ　**ウ**（　）こんな

(2) □は おとうさんが くれた 本《ほん》です。

ア（　）その　**イ**（　）それ　**ウ**（　）そこ

(3) □ いえに すんで みたいです。

ア（　）あちら　**イ**（　）あれ　**ウ**（　）あんな

3 つぎの ――せんの こそあどことばが さして いる ことばを ぬき出《だ》しなさい。〈8点×4〉

(1) へやを 出《で》ましょう。ここは あついです。［　　　］

(2) ペンが あります。それで かきましょう。［　　　］

(3) こうえんの うらに いけが あります。そこに ちかづいては いけません。［　　　］

(4) 右《みぎ》から 音《おと》が きこえて きました。ぼくは そちらに いって みました。［　　　］

---

4 つぎの ――せんの ことばを こそあどことばに なおしなさい。〈8点×3〉

(1) わたしは ゆうえんちに きて います。ゆうえんちに くるのは 三回目《さんかいめ》です。［　　　］

(2) ぼくには ゆめが あります。ぼくの ゆめは 先生《せんせい》に なる ことです。［　　　］

(3) 空《そら》たかく ひこうきが とんで いるのが 見《み》えます。空たかく とぶ ひこうきは どこの くにへ いくのでしょう。［　　　］

★★上級レベル

10分

/100

答え25ページ

学習日　月　日

1 つぎの □ に あてはまる こそあどことばを 一《ひと》つ えらんで、○を つけなさい。〈8点×3〉

(1) わたしは アメリカに すんで います。
□は とても 大《おお》きな くにです。

ア（　）ここ　**イ**（　）あそこ

(2) あちらを 見《み》て ください。□ 山《やま》が
富士山《ふじさん》です。

ア（　）この　**イ**（　）あの

(3) 「どんな はなしを したのですか。」
「□は ひみつです。」

ア（　）これ　**イ**（　）それ

---

2 つぎの ――せんの こそあどことばが さして いる ことばを、れいに ならって ぬき出《だ》しなさい。〈8点×2〉

れい 大きな プールで およいで います。
ここは まるで うみのようです。

［プ｜ー｜ル］

(1) きのう ハンバーグを たべました。
それは わたしの すきな たべものです。

［　｜　｜　｜　］

(2) 「ぼくは わき目《め》も ふらずに はしったんだ。
その おかげで まに あったよ。」

［　｜　｜　｜　］

3 つぎの ――せんの ことばを こそあどことばに なおしなさい。〈10点×3〉

(1) 屋上《おくじょう》で 手《て》を ふって いる 人《ひと》が います。
屋上で 手を ふる 人が だれか わかりますか。
「　　」

(2) みちが 右《みぎ》と 左《ひだり》に わかれて います。
右か 左の みちに すすみましょうか。
「　　」

(3) 「一年前《いちねんまえ》、わたしたちは しあいに まけて くやしかった。一年前 しあいに まけて くやしかった おもいは、もう したく ない。」
「　　」

---

4 えを さんこうに して、つぎの □に あてはまる こそあどことばを かきなさい。〈10点×3〉

(1) □は わたしの 本《ほん》です。

「　　」

(2) □に 見えるのが 学校《がっこう》です。

「　　」

(3) いったい □ ことが あったのかな。

「　　」

★★★ 最高レベル

⏱20分

/100

答え26ページ

学習日 月 日

1 つぎの□に あてはまる こそあどことばを 一《ひと》つ えらんで、○を つけなさい。〈4点×3〉

(1) パンか ごはん、□に しましょうか。

ア（　）どれ　**イ**（　）どちら

ウ（　）それ　**エ**（　）あちら

(2) ぼくは はじめて うみに きて います。□にも ひろいなんて おどろきです。

ア（　）こんな　**イ**（　）そんな

ウ（　）あんな　**エ**（　）どんな

(3) わすれものセンターに いきましょう。□に いけば 見《み》つかる はずです。

ア（　）これ　**イ**（　）そこ

ウ（　）あれ　**エ**（　）どこ

2 つぎの ――せんの こそあどことばが さして いる ことばを、れいに ならって かきなさい。〈4点×2〉

れい 「本《ほん》が 見つかったのですか。それは よかったですね。」

［本が 見つかった こと］

(1) かえったら 手《て》を あらいます。これは 大切《たいせつ》な ことです。

［　　　　］

(2) バスに のりおくれて しまいました。あれさえ なければ 五時《ごじ》に ついたのに。

［　　　　］

3 つぎの ――せんの こそあどことばが さして いる ことばを、れい に ならって かきなさい。〈5点×2〉

れい かべに ペンキを ぬりました。
ここには ちかづかないで ください。

［ペンキを ぬった かべ］

(1) きのう ケーキを たべました。
それは とても おいしかったです。

［　　　］

(2) たくさん 人《ひと》が ならんで います。
あれは みんな おきゃくさんですか。

［　　　］

4 つぎの ――せんの 文《ぶん》を こそあどことばを つかって かきなさい。〈5点×3〉

(1) わたしは いま、えきに つきました。
わたしは いま ついた えきで まって います。

［　　　］

(2) まえに あった 人を おぼえて いますか。
まえに あった 人は だれでしょう。

［　　　］

(3) あなたの そばに 本が あります。
あなたの そばの 本を とって ください。

［　　　］

5 つぎの □ に あてはまる こそあどことばを、えを さんこうに して あとから 一《いっ》回《かい》ずつ えらんで きごうを かきなさい。〈5点×4〉

(1) 男《おとこ》の人《ひと》「□の みちを すすめば、びょういんに つくのかな。」 □

(2) 女《おんな》の子《こ》「□の みちよ。」 □

(3) 男の子「□じゃないよ。 □に 見《み》えるよ。」 □ □

ア こっち イ そっち
ウ あっち エ どっち

---

6 えを さんこうに して つぎの □ に あてはまる こそあどことばを かきなさい。〈5点×3〉

(1) エリナ「おにいちゃん、□ はこには なにが 入《はい》って いるの？」

［　　　］

(2) おにいちゃん「□はね、エリナへの プレゼントだよ。」

［　　　］

(3) おとうと「□ ものが 入って いるのかな？」

［　　　］

7 つぎの　文章《ぶんしょう》を　よんで、下《した》の　もんだいに　こたえなさい。〈5点×4〉

今日《きょう》は　かぞくの　みんなで、レストランに　きて　います。おいしい　おりょうりが　たべられるので　たのしみです。

おとうさんが　いいました。

「ここでは　あまり　大《おお》きな　こえを　出《だ》しては　いけないよ。」

「[A]　ことは　しないよ。」

と、おにいさんが　小《ちい》さく　こたえました。

「メニューが　たくさん　あって　まようわ。[B]に　しようかしら。」

おかあさんが　いいました。ぼくは　いい　ことを　おもいつきました。

「この　やりかたは　どうかな。じゃんけんで　かった　人が　きめるんだ。」

(1) ここの　さして　いる　ことばを　ぬき出しなさい。

[　　　　]

(2) [A]に　あてはまる　ことばを　一《ひと》つ　えらんで　○を　つけなさい。

ア（　）こんな　イ（　）そんな

(3) [B]に　あてはまる　ことばを　一つ　えらんで　○を　つけなさい。

ア（　）どれ　イ（　）どっち

(4) このの　さして　いる　ことばを　かきなさい。

[　　　　]

復《ふく》習《しゅう》テスト④

10分　／100　答え 27ページ

学習日　月　日

1 つぎの つなぎことばと おなじ はたらきを する ものを 一《ひと》つ えらんで、○を つけなさい。〈5点×4〉

(1) ところが
ア（　）ところで　**イ**（　）しかし

(2) または
ア（　）あるいは　**イ**（　）しかも

(3) そして
ア（　）また　**イ**（　）したがって

(4) つまり
ア（　）なぜなら　**イ**（　）すなわち

---

2 つぎの □ に あてはまる つなぎことばを、あとから 一つ えらんで きごうを かきなさい。〈8点×3〉

(1) あまい ものを もって きなさい。□、チョコレートや ケーキなどです。　□

(2) つよい 雨《あめ》が ふって います。□、かぜも ふいて きました。　□

(3) へやが よごれて います。□、おそうじを しました。　□

ア だから　**イ** それに
ウ たとえば

3 つぎの □ に あてはまる こそあどことばを 一つ えらんで、○を つけなさい。〈10点×4〉

(1) たくさんの ぼうしが あります。
□を かぶって いきましょうか。
ア（　）どれ　**イ**（　）どちら

(2) こちらを 見《み》て ください。□ 小《ち》さな 犬《いぬ》が チワワです。
ア（　）この　**イ**（　）あの

(3) その やっきょくに いきましょう。
□に いけば くすりを もらえます。
ア（　）ここ　**イ**（　）そこ

(4)「とおくで 手《て》を ふる 人《ひと》が いますよ。」
「□は わたしの おとうさんです。」
ア（　）これ　**イ**（　）あれ

---

4 つぎの ――せんの こそあどことばが さして いる ことばを、れいに ならって ぬき出《だ》しなさい。〈8点×2〉

れい　リビングは エアコンが きいて います。
ここは まるで 天国《てんごく》のようです。
［エアコンの きいた リビング］

(1) おいて いた 本《ほん》が 見あたりません。
それが どこに あるか しって いますか。
［　　　　　　　　］

(2)「つい こえを 出して しまったんだ。
その せいで 見つかって しまったよ。」
［　　　　　　　　］

思《し》考《こう》力《りょく》問《もん》題《だい》に チャレンジ②

10分

/100

答え 27ページ

学習日 月 日

1 つぎの 文《ぶん》を 正《ただ》しい じゅんばんに ならびかえなさい。〈完答15点〉

1 でも、わたしは 半年《はんとし》まえの それに おちて しまいました。

2 だから、明日《あす》の テストでは、ごうかくできるように がんばりたいです。

3 空手《からて》きょうしつの しんきゅうテストは 半年に 一回《いっかい》しか ありません。

4 その とき、わたしは とても くやしい 気《き》もちに なりました。

［　　→　　→　　→　　］

2 つぎの □ に あてはまる ことばを かんがえて かきなさい。〈15点×2〉

(1) □。
だから、わたしは 雨《あま》がさを さしました。

［　　　　］

ヒント どうして かさを さしたのかな？

(2) げんかんの チャイムが なりました。
おとうさんは、□。
しかし、だれも いませんでした。

［　　　　］

ヒント チャイムが なったら どう する？

3 つぎの □ に あてはまる つなぎことばを 一《ひと》つ えらんで □に きごうを かきなさい。そして、つづきの 文を かんがえて、「　」に かきなさい。〈完答20点×2〉

(1) 今日《きょう》は まちに まった 遠足《えんそく》だ。□

ア すると　**イ** だから

ウ でも　**エ** しかも

□

「　　　」。

(2) 学校《がっこう》では ともだちと けんかを して、いえでは おにいちゃんと いいあいした。□

ア つまり　**イ** なぜなら

ウ しかし　**エ** それとも

□

「　　　」。

---

4 つぎの 文章《ぶんしょう》を よんで、もんだいに こたえなさい。〈15点〉

おとうさんは 一階《いっかい》に、まゆみさんは 二《に》階《かい》に います。

おとうさん「うちの まどの カギは ぜんぶ しめたぞ。おーい、まゆみ、二階の エアコンは けしたかな？」

まゆみさん「この 階の それは けしたよ。そっちの 階は？」

お父さん「こっちの それも けしたよ。」

こっちの それの さす ものを かきなさい。

「　　　」

12 ばめん(1)

ものがたりの よみとり

学習日　月　日

ねらい　時間・場所・人物に注目して、場面を捉える力をつける。

★標準レベル

15分　／100　答え28ページ

1 つぎの 文章《ぶんしょう》を よんで、もんだいに こたえなさい。

サチコさんの かい犬《いぬ》の サスケは、きのうの ゆうがたから、いえに かえって こない サチコさんを さがしに いきました。

つぎの 日《ひ》の あさだった。

「サスケー」

「サスケくーん」

オレは 名《な》まえを よばれて、こやから とびだした。

すると、そこには こうえんで いつも サチコさんと はなしを して いる ニンゲンと イヌ

（くさの たき『なにがあっても ずっといっしょ』）

(1) いつの じかんの はなしですか。一《ひと》つ えらんで ○を つけなさい。〈20点〉

ア（　）あさ

イ（　）ひる

ウ（　）ゆうがた

エ（　）よる

(2) サスケが 名《な》まえを よばれるまで いた ところを 文章中《ぶんしょうちゅう》から 二字《にじ》で ぬき出《だ》しなさい。〈20点〉

が　いた。

しかも、イヌの　ほうは、あの　チャッピーと　いう　名まえの　イヌだ。

「おい、おまえ、サチコさんと　いっしょじゃ　なかったのか？」

オレが　きくと、イヌが　こたえた。

「サスケくん。サチコさん、きゅうに　びょうきに　なって、びょういんに　いるんだって」

「びょうき？　びょういん？」

オレは　おどろいた。

「だけど、すぐに　もどって　こられるみたいだよ」

「そうだったのか……」

びょうきは　しんぱいだけど、サチコさんは、オレを　みすてた　わけじゃ　ないのだ。

「ほら、サスケ。サチコさん、サスケに　ごはんを　あげてって　わたしに　でんわを　くれたのよ。だから、たべて　ちょうだい」

(3) おい、おまえの　せつめいを　一つ　えらんで　○を　つけなさい。〈20点〉

ア（　）ニンゲンが　サスケに　よびかけた。

イ（　）チャッピーが　サスケに　よびかけた。

ウ（　）サスケが　チャッピーに　よびかけた。

(4) サチコさんが　いる　ところを　文章中から　五字《ごじ》で　ぬき出しなさい。〈20点〉

(5) ニンゲンは、なにを　する　ために　きたのですか。一つ　えらんで　○を　つけなさい。〈20点〉

ア（　）イヌどうしを　あそばせる　ため。

イ（　）サスケに　ごはんを　あげる　ため。

ウ（　）サチコさんを　さがしに　いく　ため。

★★ 上級レベル

15分

/100

答え28ページ

学習日　月　日

1 つぎの 文章《ぶんしょう》を よんで、もんだいに こたえ なさい。

「おーい！」

庭先《にわさき》で、①声《こえ》が しました。

「はーい。」

と、②返事《へんじ》を してから、うさぎの ラビおくさんは、あわてて 口《くち》を おさえました。

ラビおくさんの ご主人《しゅじん》は、しばらく 前《まえ》に この 世《よ》を さって いるのです。日《ひ》ごろ、③「おーい。」と よぶのが 口ぐせだったので、つい、「はーい。」と 答《こた》えて しまったのですが、

「いやだわ、わたしったら。」

ラビおくさんは、ひとりごとを いいながら、ガラスごしに 庭を 見《み》やりました。

すると、*テラスに おかれた いすに、ついぞ

(1) ①声《こえ》が しましたと ありますが、声を かけた のは だれですか。文章中《ぶんしょうちゅう》から 四字《よじ》で ぬき出《だ》しなさい。〈20点〉

□□□□

(2) ②返事《へんじ》を してからと ありますが、この とき ラビおくさんは どこに いましたか。一《ひと》つ えらんで ○を つけなさい。〈20点〉

ア（　）庭《にわ》　イ（　）部屋《へや》
ウ（　）テラス

(3) ③「おーい。」と よぶのが 口《くち》ぐせだったと ありますが、だれに ついての せつめいですか。文章中から 三字《さんじ》で ぬき出しなさい。〈20点〉

ラビおくさんの □□□

見かけない、くまさんが　すわり、こちらを　見て
いるでは　ありませんか。
ラビおくさんは、手《て》に　して　いた　モップを
壁《かべ》に　立《た》てかけると、部屋《へや》から　テラスへ　出《で》て
いきました。
「どちらさまで。」
と、いいかけた　とたん、
「メニューは、ないのかね。」
くまさんが、テーブルを
さして　ききました。
「④はあ？」
いっしゅん、びっくりした　ラビおくさんでした
が、すぐに、「この　くまさんたら、うちを　喫茶《きっさ》
店《てん》と　かんちがいしてるんだわ。」と、気《き》が　つき
ました。

（森山京《もりやまみやこ》『丘《おか》の木《き》ものがたり』）

（注《ちゅう》）○テラス＝たてものから　そとへ　つづく　ばしょ。

---

(4) くまさんが　テラスの　いすに　すわって　いたのは　なぜですか。一つ　えらんで　○を　つけなさい。〈20点〉

ア（　）ラビおくさんの　いえを、喫茶店《きっさてん》だと　おもいこんだから。

イ（　）ゆうじんと　して　ラビおくさんの　いえに　あそびに　きたから。

ウ（　）おきゃくの　ふりを　して　ラビおくさんを　からかおうと　おもったから。

(5) ④はあ？と　いう　ことばから、ラビおくさんの　どんな　気《き》もちが　わかりますか。〈10点×2〉

おみせでは　ないのに、

「　　　　」と　きかれて

「　　　　」気もち。

30分

/100

答え 29ページ

学習日　月　日

1 つぎの 文章《ぶんしょう》を よんで、もんだいに こたえなさい。

けいくんは、クマと いう 名前《なまえ》の 犬《いぬ》を かって います。ある 日《ひ》、さんぽに つれて いった ときに、出会《であ》った 女《おんな》の子《こ》に、クマを かわいいと ほめて もらいました。

二《に》がっきの しぎょうしきの 日です。

先生《せんせい》と いっしょに、きょうしつに 入《はい》って きた 子を 見《み》て、けいくんは、びっくりしました。

「あっ。」

あの 子です。クマを 「かわいいね」って、いった、あの 子です。

びっくりして しまって、

「……です。」

女の子の 名まえ、①よく きいて いませんでした。

でも、クマを かわいいと いって くれた 子が、一《いち》くみに きたので、とても うれしく なりました。

夕《ゆう》ごはんの とき、おとうさんと おかあさんに いいたく なりました。

「あのね、②いい こと、あった。」

「へえっ、なんだい？」

おとうさんが、ききます。

「学校《がっこう》で……。」

「学校で？ どんな こと？」

おかあさんも、ききます。

「えっと、クマをね、えっと、えっと。」

うまく、はなせません。

この あいだ、女の子が、クマを 「かわいいね」と、いって くれた こと。それから きょう、その子が、一くみに　きた　こと。うれしかった　気《き》もち。
はなしたい　ことが　たくさん　あるのに、うまく
はなせないのです。

「えっと……。なんでも　ない。」

けいくんは、③うつむいて　しまいました。

ごはんを　たべると、クマの　ところへ　いきました。

（クマに、はなして　みようかな。）

「クマ、あのね。」

「クウン。」

クマが、しっぽを　ふりました。

「あの　女の子、一くみに　きたんだよ。」

「クウン。」

「クマの　こと、かわいい、って　いった　子だよ。」

「クウン。」

クマは、けいくんの　ひざに、前あしを　かけて
のびあがると、□と、けいくんの　かおを
なめました。

「④クマも、うれしいの？」

「クウン。」

（ちゃんと、はなせたっ。ぼく、クマになら、おもって　いる　こと、ぜんぶ　はなせる。）

⑤うれしく　なって、クマを　ぎゅっと　だきしめました。

（矢部美智代《やべみちよ》『めそめそけいくん、のち、青空《あおぞら》』）

(1)　この　文章は　いつの　はなしですか。文章中《ぶんしょうちゅう》から　四字《よじ》と　六字《ろくじ》で　ぬき出《だ》しなさい。〈5点×2〉

□□□□の　□□□□□□の日《ひ》

(2) [ ]の ばめんは どこで おこった ことですか。文章中《ぶんしょうちゅう》から 五字《ごじ》で ぬき出《だ》しなさい。〈10点〉

[ ]

(3) ①よく きいて いませんでしたと ありますが、なぜ きいて いなかったのですか。〈10点〉

クマを ほめて くれた 女《おんな》の子《こ》が やってきて、「 」から。

(4) ②いい こととは、どんな ことですか。文章中から aは 四字《よじ》、bは 三字《さんじ》、cは 二字《にじ》で ぬき出しなさい。〈5点×3〉

クマを a[ ] といって くれた
女の子が b[ ] に c[ ] こと。

(5) 夕《ゆう》ごはんの とき、おとうさんと おかあさんは どんな ようすでしたか。一《ひと》つ えらんで ○を つけなさい。〈10点〉

ア（ ）けいくんを しんぱいして、はげまそうと する ようす。

イ（ ）けいくんに はなしかけず、しずかに たべようと する ようす。

ウ（ ）けいくんの はなしを しっかり きこうと する ようす。

(6) ③うつむいて　しまいましたから、けいくんの　どんな　気《き》もちが　わかりますか。一つ　えらんで　○を　つけなさい。〈10点〉

ア（　）うまく　はなせなくて　かなしい　気もち。

イ（　）きいて　もらえなくて　さみしい　気もち。

ウ（　）ふたりから　おこられて　こわい　気もち。

(7) □に　あてはまる　ことばを　一つ　えらんで　○を　つけなさい。〈5点〉

ア（　）ふわふわ

イ（　）かたかた

ウ（　）とんとん

エ（　）ぺろぺろ

(8) ④クマも、うれしいの？と　ありますが、けいくんが　そう　おもったのは　なぜですか。〈10点〉

クマが　[　　　　　　]　から。

(9) ⑤うれしく　なってと　ありますが、なぜ　うれしくなったのですか。文章中から　それぞれ四字で　ぬき出しなさい。〈5点×2〉

[　　　　]　いることを

クマに　ぜんぶ　[　　　　]　から。

(10) □いがいの　文章を　二《ふた》つの　ばめんに　わける　とき、二つめの　ばめんは　どこからですか。はじめの　四字を　ぬき出しなさい。〈10点〉

[　　　　]

3章

ものがたりの よみとり

13 ばめん(2)

学習日　月　日

ねらい　物語を読み、場面の変化を捉える力をつける。

★標準レベル

15分

／100

答え31ページ

1 つぎの 文章《ぶんしょう》を よんで、もんだいに こたえなさい。

「あさひ！ ①なんなの、その かっこう」

外《そと》から かえった ねえさんが、目《め》を まるくして いった。

「どんな かっこう？」

ソファに ねっころがったまま、かたあしを あげて みる。ねえさんは 目を もっと おおきくした。

びっくりしたみたい。

「こんなのも できるよ」

こんどは、りょうあしと じょうはんしんを あ

（長崎夏海《ながさきなつみ》『星空《ほしぞら》ぎゅいーん』）

(1) あさひと ねえさんは どこで はなして いますか。一《ひと》つ えらんで ○を つけなさい。〈20点〉

ア（　）いえ
イ（　）学校《がっこう》
ウ（　）かいしゃ

(2) いつの じかんの はなしですか。一つ えらんで ○を つけなさい。〈20点〉

ア（　）朝《あさ》　イ（　）昼《ひる》　ウ（　）夜《よる》

げて　V《ブイ》の字《じ》しせい。

これ、むずかしいんだよ。

「ばかっ。パジャマの　ことだよ。もう　お昼《ひる》なのに、だらしない」

え、そうなの？

たしかに、パジャマの　まんま　朝《あさ》ごはんを　たべて、ねっころがって　テレビを　みて　いたけど――。

かあさんに　みつかったら　おこられる。でも、かあさんは　しごとで　いない。おきにいりの　パジャマだし、うちに　いるんだし。

「いいんだよ、これで」

「よくない！　あんた、もう　すぐ　一年生《いちねんせい》でしょ」

「そうだよ」

入学式《にゅうがくしき》は、らいしゅうだ。

「だったら　②ちゃんと　しなさいよ。そんなんじゃ、学校《がっこう》に　いれて　もらえないんだからね」

ドキッとしたけど、すぐに　そんな　こと　ないって　おもいなおした。

---

(3) ①なんなの、その　かっこうと　ありますが、ねえさんは　なにに　おどろいたのですか。一つえらんで　○を　つけなさい。〈30点〉

ア（　）まだ　きがえて　いない　こと。

イ（　）へんな　しせいを　とった　こと。

ウ（　）ソファで　ねっころがって　いた　こと。

(4) ②ちゃんと　しなさいよと　ねえさんが　いったのは　なぜですか。文章中《ぶんしょうちゅう》から　五字《ごじ》と　三字《さんじ》でぬき出《だ》しなさい。〈15点×2〉

［　　　　　］に　入学式《にゅうがくしき》が　あって、あさひが　［　　　］に　なるから。

15分

/100

答え 31ページ

学習日　月　日

1 つぎの 文章《ぶんしょう》を よんで、もんだいに こたえなさい。

夕方《ゆうがた》、じどうかんから 帰《かえ》って くると、にわから ボン、ボンと 音《おと》が きこえました。

なんだろうと、にわへ いくと、おねえちゃんが かべに むかって ボールを なげて いました。

ボン、ボン

①ボールを なげて、とる。

なげて、とる。

ボールが ころがると、おねえちゃんは ゆっくり ボールを ひろって、また なげます。

おねえちゃんの ②顔《かお》が まっかです。

ドッジボールの れんしゅうかな。

おねえちゃんは、できない ことが あると、くりかえし くりかえし れんしゅうします。かんじ

---

③ほめられた？

おねえちゃんが ほめて くれた？

（いとうみく『つくしちゃんとおねえちゃん』）

(1) この 文章は どんな ばめんですか。文章中《ぶんしょうちゅう》から aと cは 二字《にじ》、bは 三字《さんじ》で ぬき出《だ》しなさい。〈15点×3〉

［a］に じどうかんから 帰《かえ》って きた ［b］が ［c］へ いくと、おねえちゃんが ボールを なげて いた ばめん。

テストも、まちがった　字《じ》は　なんども　ノートに
かきます。
（中略《ちゅうりゃく》）
おねえちゃんは、ひとこと　いって、ボールを
ひろいに　いくと、
「つくし！」
と　いって、ボールを　なげました。
びゅん！
わっ、思《おも》わず　よけると、おねえちゃんは　わら
いました。
「つくし、なげるのは　へただけど、よけるのは
うまいね」
「えっ？」
そうかな？　ドッジボールの　ときは、ボールに
あたるのが　こわくて、いつも　にげまわって　い
るけど。
「あと、キャッチだけ　できたら、つくしは　ドッ
ジボール　うまくなるよ」

---

(2) ①ボールを　なげて、とると　ありますが、おね
えちゃんは　なにを　して　いると　かんがえら
れますか。文章中から　五字《ごじ》で　ぬき出しなさい。〈20点〉

ドッジボールの　□□□□□

(3) ②顔《かお》が　まっかですと　ありますが、おねえちゃ
んの　どんな　ようすが　わかりますか。一《ひと》つ
えらんで　○を　つけなさい。〈15点〉

ア（　）とても　しんけんな　ようす。
イ（　）てれて　はずかしい　ようす。
ウ（　）なにかに　おこって　いる　ようす。

(4) ③ほめられた？と　ありますが、どういう　こと
を　ほめられたのですか。〈20点〉

「　　　　　　」ことが　うまい　こと。

★★★ 最高レベル

30分

／100

答え32ページ

学習日　月　日

1 つぎの 文章《ぶんしょう》を よんで、もんだいに こたえなさい。

きょうの 学級会《がっきゅうかい》は、係活動《かかりかつどう》を きめる 日《ひ》です。
黒板《こくばん》には 係の 名前《なまえ》が 書《か》かれて いました。
「やって みたい 係の 下《した》へ、名前を 書いて くれ」
真先生《まことせんせい》が いいました。
①和人《かずと》は まよって いました。二年生《にねんせい》では 「くばりもの係《がかり》」だったけれど、三年生《さんねんせい》では ちがう係が して みたい……。
その とき 真先生が、かさねて いいました。

「自分《じぶん》で かんがえて、ほかにも して みたい仕事《しごと》が あったら、それでも いいんだよ」

和人は、この ことばを 聞《き》いた とき、ふっと②ひらめいたのが、「けんかとめ係」です。


学級びらきの とき、真先生は いいました。

「けんかも して、なかよしの クラスに しよう」

と。なかよしの 三年一組《いちくみ》に するのには、けんかは とめなければ いけないと、そう 思《おも》ったからです。

和人は 黒板の ところへ でて いくと、
けんかとめ係　山田《やまだ》和人
と書きました。

すると 真先生は、和人の ところへ よって きて いいました。

「おいおい、③けんかは とめる ものでは ないぞ。しっかりと やらせる ものだろう」

「え？ だって、けんかしてたら、なかよしに なれないでしょう」

和人は、真先生の ことばが、よく わからない ままです。

「けんかって　いうのは、くやしいとか、わかって
ほしいとか、いいたい　ことが　あるから、けんか
に　なるんだろう。ちゃんと　けんかを　して、い
いたい　ことを　しっかりと　いって、わかりあっ
て、それで　なかよしに　なるんだろうが」

真先生は、いいました。

わかったような、わからないような　和人です。

「④そうだな……それでもな、けがを　させそうな
けんかは、とめなければ　いけないし、とめて　も
らいたい　けんかも　ある。もう　やめたいのに
やめられない、そんな　とき、とめて　もらうと
ありがたいものな。『けんかとめ係』⑤うまく　やっ
て　くれよ、うん」

真先生は、和人の　⑥かたを　ぽんと　たたいて
いいました。

[　　]　いい　係を　思いついたのになと、
ちょっと　おもしろくない　和人でしたが、「とめ」
を　とって、「⑦けんか係」と　書きなおしました。

（宮川《みやかわ》ひろ『けんかに　かんぱい！』）

(1)　この　文章は　どんな　ばめんですか。それぞれ　えらんで　○を　つけなさい。〈5点×2〉

{ア（　）学級《がっきゅう》びらき / イ（　）学級会《がっきゅうかい》}で　{ア（　）係活動《かかりかつどう》 / イ（　）けんか}を　きめる　ばめん。

(2)　①和人《かずと》は　まよって　いましたと　ありますが、なぜ　まよって　いたのですか。文章中《ぶんしょうちゅう》から　三《さん》字《じ》で　ぬき出《だ》しなさい。〈10点〉

二年生《にねんせい》では「くばりもの係《がかり》」だったが、三年生《さんねんせい》では　二年生とは　[　　　]　係を　して　みたかったから。

(3) ②ひらめいたのが、「けんかとめ係《がかり》」と　ありますが、ひらめいた　さいしょの　きっかけは　なんですか。それぞれ　えらんで　○を　つけなさい。〈5点×2〉

ア（　）学級《がっきゅう》びらき
イ（　）学級会《がっきゅうかい》
の　ときに、「けんかも　して、なかよしの　クラスに　しよう」と

ア（　）真先生《まことせんせい》
イ（　）和人《かずと》
が　いった　こと。

(4) ③けんかは　とめる　ものでは　ないと　ありますが、なぜですか。文章中《ぶんしょうちゅう》から　それぞれ　四字《よじ》で　ぬき出《だ》しなさい。〈10点×2〉

けんかを　して、□□□□ことを

いい、わかりあう　ことで、□□□□

に　なれるから。

(5) ④そうだな……と　ありますが、真先生が　はなしはじめたのは　和人が　どのような　ようすだったからですか。一《ひと》つ　えらんで　○を　つけなさい。〈10点〉

ア（　）はなしに　なっとくして、もとの　かんがえを　かえた　ようす。

イ（　）はなしを　りかい　できて　いない　ところが　ある　ようす。

ウ（　）はなしを　まったく　きこうと　して　いない　ようす。

(6) ⑤うまく　やって　くれよと　ありますが、真先生は　どんな　けんかを　とめて　ほしいのですか。二《ふた》つ　かきなさい。〈10点×2〉

[　　　　　　　　　　　]

[　　　　　　　　　　　]

(7) ⑥かたを　ぽんと　たたいて　いいましたから、真先生の　どんな　気《き》もちが　わかりますか。一つ　えらんで　○を　つけなさい。〈5点〉

ア（　）和人を　おうえんする　気もち。
イ（　）和人を　ばかに　する　気もち。
ウ（　）和人を　しんぱいする　気もち。

---

(8) ⑦けんか係と　和人が　かきなおしたのは　なぜですか。一つ　えらんで　○を　つけなさい。〈10点〉

ア（　）どんな　けんかも　とめては　いけないと　わかったから。
イ（　）じぶんも　だれかと　けんかを　したく　なったから。
ウ（　）とめなくて　いい　けんかも　あると　わかったから。

(9) [　　]に　あてはまる　ことばを　一つ　えらんで　○を　つけなさい。〈5点〉

ア（　）わざと
イ（　）せっかく
ウ（　）こっそり

3
章

ものがたりの よみとり

学習日　　月　　日

14 せいかく・人物《じんぶつ》像《ぞう》

ねらい　行動、発言に着目し、登場人物の性格と人物像を捉える力をつける。

★標準レベル

15分

／100

答え34ページ

1 つぎの 文章《ぶんしょう》を よんで、もんだいに こたえなさい。

リュックを せおい、店《みせ》の うらから、こっそり出《で》た。
どこへ いくか きめて ない。
きが ついたら、こうえんの ベンチに いた。
いつも ここで あそんで いるからだ。
（中略《ちゅうりゃく》）
①チコちゃんて あたまが いい。からだは 小《ちい》さいのに、おねえさんみたいに たのもしくて。でも、うちの かあさんの ように 口《くち》うるさい。マコトなんか、チコちゃんの 子《こ》ぶんみたいだ。②お

(1) ①チコちゃんは、どんな せいかくですか。一《ひと》つ えらんで ○を つけなさい。〈25点〉

ア（　）おおらかで さわがしい せいかく。
イ（　）こまかいが しっかりした せいかく。
ウ（　）いじわるで つめたい せいかく。

(2) ②おれは、どんな せいかくですか。一つ えらんで ○を つけなさい。〈25点〉

ア（　）なんでも きちんと する せいかく。
イ（　）すなおで おとなしい せいかく。
ウ（　）おおざっぱで だらしない せいかく。

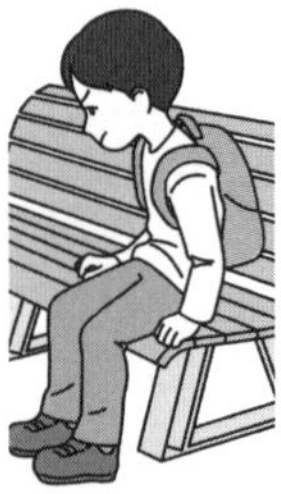

れたち　どうきゅうせいなんだけど。

「どうしたのよ。」

やってくるなり、チコちゃんは　いった。

「『③もう、うちの　子じゃ　ありません。』って、かあさんに　いわれちゃった。」

おれは　④ぶすっと　こたえた。

「ふうん。コウくん、そう　いわれるような　ことを　したんじゃない？」

「まあね。『もう　一年生《いちねんせい》なんだから、どろんこのうわばきは、じぶんで　あらいなさい。』って　いわれた。めんどうだから、まわってる　せんたくきに　ほうりこんだら、ぜんぶ　どろだらけに　なっちゃって。」

「おこるはずよ、おかあさん。」


（藤《ふじ》田《た》千《ち》津《づ》『家出《いえで》しちゃった』）

---

(3) ③もう、うちの　子《こ》じゃ　ありませんと　ありますが、そこから　わかる、おかあさんの　ようすを　一つ　えらんで　○を　つけなさい。〈25点〉

ア（　）せんたくものを　どろだらけに　した「おれ」に　おこって　いる　ようす。

イ（　）べんきょうを　しない「おれ」に　あきれて　いる　ようす。

ウ（　）「おれ」が　いえを　とびだした　ことを　かなしんで　いる　ようす。

(4) ④ぶすっと　こたえたから　わかる、「おれ」のようすを　一つ　えらんで　○を　つけなさい。〈25点〉

ア（　）きに　して　いない　ようす。

イ（　）きげんが　わるい　ようす。

ウ（　）はんせいして　いる　ようす。

エ（　）こまって　いる　ようす。

★★ 上級レベル

15分

/100

答え34ページ

学習日 月 日

1 つぎの 文章《ぶんしょう》を よんで、もんだいに こたえ なさい。

飼《か》い主《ぬし》の ＊青年《せいねん》、前田《まえだ》くんが、ねこに いいました。

「＊転勤《てんきん》が きまりそうなんだ。アフリカだぞ。おれは いきたいんだ。チャレンジしたいんだ。けどなあ、おまえを つれて いく わけには いかないんだよ」

（中略《ちゅうりゃく》）

でも、みんな、飼えない わけが あって、ねこを あずかるとは、いって くれませんでした。

（中略）

「まえを 見《み》るんだ。なにごとも チャレンジ！」

と、ねこは 毎日《まいにち》、前田くんに おしえられて そだちました。

ぶきっちょの くせに、負《ま》けずぎらいの ねこでした。

（広瀬寿子《ひろせひさこ》『ねこが一《いっ》ぴきやってきた』）

（注《ちゅう》）○青年＝わかもの。
○転勤＝はたらいて いる 会社《かいしゃ》などの つごうで、はたらく ばしょが かわる こと。
○ぶきっちょ＝なにごとも うまく やれない こと。

(1) 前田《まえだ》くんは、どんな せいかくですか。一《ひと》つ えらんで ○を つけなさい。〈20点〉

ア（　）くらくて しんちょうな せいかく。

イ（　）しずかで こわがりな せいかく。

ウ（　）あかるく まえむきな せいかく。

だから、うしろは　見ないのです。なのに、前田くんは　いいました。

「おまえ、うちに　きた　日《ひ》、おれの　くつに　頭《あたま》から　入《はい》って、出《で》られなく　なって、もがいたよな。ミルクの　さらに　おちて、おぼれかけたな。木《き》に　のぼると、おりられなくて　ミーミー　鳴《な》いたよなあ」

　ねこは　よこを　むいて、しらん　かおを　しました。

「ろうかを　走《はし》ると　まがれなくて、かべに　ぶつかったぜ」

　ねこは　①ひげを　ぴくぴくさせました。きょうの　前田くんは　へんです。

「おまえ、*ぶきっちょだから、のらに　なったら　生《い》きて　いかれないよな。……転勤、ことわるか……」

　つぶやいた　前田くんの　②ことばに、ねこは　キッと　かおを　上《あ》げました。

---

(2) ①ひげを　ぴくぴくさせましたと　ありますが、なぜ　ねこが　そう　したかを　くわしく　かきなさい。〈30点〉

前田くんが　いつもと　ちがって

［　　　　　　　　］だから。

(3) ②ことばから　わかる、前田くんの　ようすを　一つ　えらんで　○を　つけなさい。〈20点〉

ア（　）よわきに　なって　いる　ようす。

イ（　）たのしんで　いる　ようす。

ウ（　）おこって　いる　ようす。

(4) ねこの　せいかくを　文章中《ぶんしょうちゅう》から　六字《ろくじ》で　ぬき出《だ》しなさい。〈30点〉

★★★ 最高レベル

30分

/100

答え 35ページ

学習日　月　日

1 つぎの 文章《ぶんしょう》を よんで、もんだいに こたえ なさい。

熊《くま》は 頭《あたま》を ぶつけて、いろいろな ことを わすれて しまいました。

「いったい どうしたのだろう。それに しても、①レディベアは どこに いるのだろう」

と、熊は つぶやいた。しかし いっては みた ものの、いったい レディベアと いうのが だれ だったのかが わからない。ただ 熊に とっては 大事《だいじ》な 相手《あいて》だと いう ことだけは ぼんやりと おぼえて いた。

ふと 見《み》ると、すぐ そばに 大《おお》きな 陸亀《りくがめ》が いるのに 気《き》づいた。

レディベアは いつも 熊の そばに いて くれたと いう 気が して いたので「きみは レディベアかい?」と 遠慮《えんりょ》がちに たずねて みた。

すると 亀《かめ》は「ありがとう。たしかに おめでたい 日《ひ》です」と こたえる。そして、じっと こうらを 日に あてて いる。

熊は 亀の こうらに おそるおそる ふれて みた。すると 手《て》のひらに なんとも いえぬ 温《あたた》かさが つたわって きた。熊は レディベアが とても 温かだったと いう ことも 思《おも》い出《だ》した。

「ああ、あったかい。やっぱり ②きみが レディベアだね」

熊は 亀の こうらに ほほを よせた。その 温《ぬく》もりは 熊を なつかしい 気持《きも》ちに させた。

じっと 熊が 目《め》を とじて いると、亀が また 口《くち》を 開《ひら》いた。

「婦人《ふじん》に 年《とし》を きくなんて、ぶしつけと いう ものです」

熊は おどろいた。

「ぼくは 年なんて きいてません」

(中略《ちゅうりゃく》)

③話《はなし》が どうにも *とんちんかんなので、熊が 途方《とほう》に くれて いると、頭の 上《うえ》から 笑《わら》い声《ごえ》が きこえて きた。顔《かお》を あげて みると、笑って いるのは クマバチだった。ハチは 熊に とって は アクセサリーみたいに なじみの 良《よ》い もの だから 熊は ほっと した。

ハチが いった。

「あんたは 知《し》らないだろうけど、この 亀の おじょうさんは ぼくの ガールフレンドでね、きのうが 百一歳《ひゃくいっさい》の 誕生日《たんじょうび》だったのさ。で、ぼくは きのう、おめでとうって いって やったんだ」

ハチは 熊の まわりを ぶんと ひとまわりした。

「彼女《かのじょ》は とても ゆっくり 生《い》きてる ものだから、考《かんが》える ことも ゆっくりでね。きみが 今《いま》 きいた 言葉《ことば》は、ぼくが きのう 話《はな》しかけた ことへの 返事《へんじ》って いう わけさ」

(中略)

★ハチが 大笑《おおわら》いを した。「彼女は、きのう ぼくが からかった ことに 一日《いちにち》おくれで 腹《はら》を たてて いるんだよ」

亀が こたえるまでに 一日 かかると いうのなら、話が かみ合《あ》わないのも 当然《とうぜん》だった。

「ねえ 熊、わかったかい? あんたの さがす レディベアは こんなに のんびりやじゃ ないはずだよ。もっと すばしっこくって、もっと 黒《くろ》くって、もっと 毛《け》だらけなんだよ」

ハチは ガールフレンドの 亀の 方《ほう》に 向《む》き直《なお》って、

「ねえ、あんたの ことを この 熊は お仲間《なかま》と 間違《まちが》えて いるんだけれど、どう 思う? ぼくと

こいつと　どっちが　好《す》きかな？」
　でも　亀《かめ》は　ゆっくりと　まばたきしただけだった。クマバチは　照《て》れかくしなのか、おかしくて死《し》にそうだと　いって　羽《はね》を　ふるわせた。笑《わら》ってのけぞったかと　思《おも》うと、いきなり　④ぽとんと　落《お》っこちて　動《うご》かなく　なって　しまった。ほんとに死んで　しまったのだ。
　熊《くま》は　うちどころが　悪《わる》かっただけで、それほどばかと　いう　ことも　ない。ハチが　ほんの　短《みじか》い　命《いのち》だと　いう　ことは　知《し》って　いたから　驚《おどろ》きは　しなかった。
　そっと　手《て》のひらに　ハチを　のせ、その　一生《いっしょう》が　楽《たの》しい　もので　あった　ことを　願《ねが》った。

（安東《あんどう》みきえ『頭《あたま》のうちどころが悪かった熊の話《はなし》』）

（注《ちゅう》）○とんちんかん＝つじつまが　あわない　こと。

(1)　①レディベアは　どこに　いるのだろうと　ありますが、熊《くま》は　なぜ　レディベアを　さがしているのですか。〈15点〉

［　　　　　］

(2)　②きみが　レディベアだねと、熊が　いったのはなぜですか。一《ひと》つ　えらんで　○を　つけなさい。〈10点〉

亀《かめ》は、レディベアのように
ア（　）温《あたた》かだった
イ（　）やさしかった
から。

(3)　ハチと　亀は　どのような　かんけいですか。文章中《ぶんしょうちゅう》から　七字《ななじ》で　ぬき出《だ》しなさい。〈10点〉

ハチに　とって　亀は

［　　　　　　　］

で　ある。

(4) ③話《はなし》が　どうにも　とんちんかんと　ありますが、なぜですか。文章中から　二字《にじ》と　三字《さんじ》で　ぬき出しなさい。〈10点×2〉

亀の　ことばは、［　　］が

［　　　］話《はな》しかけた　ことへの　返事《へんじ》に

なって　いるから。

(5) ④ぽとんと　落《お》っこちて……しまったと　ありますが、どういう　ことですか。〈15点〉

［　　　　　　　　　　　　］

(6) 亀は　どんな　せいかくですか。★より　あとから　五字《ごじ》で　ぬき出しなさい。〈10点〉

［　　　　　］

(7) ハチは　どんな　せいかくですか。一つ　えらんで　○を　つけなさい。〈10点〉

ア（　）あかるくて　たのしい　せいかく。

イ（　）しんぱいしょうな　せいかく。

ウ（　）人見知《ひとみし》りで　おとなしい　せいかく。

(8) 熊は　どんな　せいかくですか。一つ　えらんで　○を　つけなさい。〈10点〉

ア（　）わがままで　おこりっぽい　せいかく。

イ（　）ひかえめで　やさしい　せいかく。

ウ（　）せっかちで　でしゃばりな　せいかく。

復《ふく》習《しゅう》テスト⑤

15分

/100

答え 37ページ

学習日　月　日

1 つぎの 文章《ぶんしょう》を よんで、もんだいに こたえなさい。

朝《あさ》ごはんを 食《た》べて いると、「きょうはね、午《ご》前《ぜん》 十時《じゅうじ》から 市民会館《しみんかいかん》で、『子《こ》どもの にがお絵《え》大会《たいかい》』が あるんだ。利里《りり》も 参加《さんか》して みたら どうかな」と、おとうさんが いいました。

「絵を かくの？」

わたしは、①絵は とくいじゃ ありません。絵を かいて いると、いつも うまく いかなく なって、とちゅうで いやに なって しまうから です。さいしょに かきたいと 思《おも》って いたのと は ちがう 絵に なって しまうのです。

（中略《ちゅうりゃく》）

そう 思って おとうさんを 見《み》ると、おとうさ

---

(1) この 文章は どんな ばめんですか。文章中《ぶんしょうちゅう》から aは 四字《よじ》、bは 六字《ろくじ》、cは 五字《ごじ》で ぬき出《だ》しなさい。〈10点×3〉

a［　　　　］の ときに、利里《りり》（わたし）が 子《こ》どもの b［　　　　　　］に 参加《さんか》しないかと c［　　　　　］に さそわれた ばめん。

(2) ①絵《え》は とくいじゃ ありませんと 「わたし」が 思《おも》うのは なぜですか。文章中から 三字《さんじ》と 二字《にじ》で ぬき出しなさい。〈10点×2〉

かいて いる うちに、さいしょに 思って いたのと［　　　］絵に なって、［　　］に なるから。

んは　にこにこして　いました。

　もしかしたら、おとうさんは　わたしが　絵を　かくのが　へただから、絵を　かく　れんしゅうを　した　ほうが　いいと　思って、それで　『にがお絵大会』に　行《い》こう」と　いって　いるのかも　しれません。

「利里の　ために、新《あたら》しい　絵《え》の具《ぐ》と　クレヨンと　マジックの　セットも　買《か》って　おいたんだよ。な、②行って　みよう」と、おとうさんは　いいました。

　行きたくない、って　いっちゃ　いけないのかな、と　わたしは　思いました。

　でも、おとうさんは　せっかく　絵の具セットなどを　用意《ようい》して　くれたんだし、と　思うと、そうは　いえなくて、「うん」と、むりして　うなずきました。


（岩瀬《いわせ》成子《じょうこ》『おとうさんのかお』）

(3) ②行《い》って　みようと　おとうさんが　いうのは、なんの　ためだと　「わたし」は　かんがえましたか。〈30点〉

「　　　　　　　　　　」

(4) 「わたし」は　どんな　せいかくですか。一《ひと》つえらんで　○を　つけなさい。〈20点〉

ア（　）おとなしい　せいかく。

イ（　）しょうじきな　せいかく。

ウ（　）ねばりづよい　せいかく。

ものがたりの　よみとり

15 気《き》もち(1)

学習日　月　日

ねらい　行動・発言・様子などから、登場人物の気持ちを読み取れるようになる。

★標準レベル

15分　／100　答え38ページ

1 つぎの　文章《ぶんしょう》を　よんで、もんだいに　こたえなさい。

①しんぱいが　せっけんの　あわみたいに、ぶくぶく　もこもこ　ふくらんで　きます。

ももは、ぜったいに　わすれものを　したく　ありません。

ハンカチと　ティッシュと……。

かさも　いるかな？

六月《ろくがつ》は　雨《あめ》が　多《おお》いから、しんぱいです。

「もも、ちこくしちゃうよ！」

お母《かあ》さんに　いわれて、ももは　きめました。

「②ぜーんぶ　もって　いく！」

（工藤純子《くどうじゅんこ》『しんぱいなことが　ありすぎます！』）

（注《ちゅう》）○ヤドカリ＝かいがらを　せおって　せいかつする　いきもの。

(1) ①しんぱいを　なにに　たとえて　いますか。文章《ぶんしょう》中《ちゅう》から　四字《よじ》と　二字《にじ》で　ぬき出《だ》しなさい。〈10点×2〉

□□□□ の □□

(2) ②ぜーんぶ　もって　いく！と　きめたのは　なぜですか。一《ひと》つ　えらんで　○を　つけなさい。〈25点〉

ア（　）つかう　ことが　わかって　いるから。

イ（　）わすれものが　しんぱいだから。

ウ（　）いっしゅうかんの　さいしょだから。

教科書《きょうかしょ》や　ノートを、ぎゅうぎゅう　ランドセルに　つめこみました。

これで　あんしん！

「③行《い》って　きます！」

ももは、よいしょっと　ランドセルを　せおって、家《いえ》を　出《で》ました。

よろよろ　歩《ある》いて　いると、同《おな》じ　クラスの　かずまくんに　会《あ》いました。

（中略《ちゅうりゃく》）

「ももっち、④＊ヤドカリみたいだな」

「え？　ヤドカリ？」

「うん。ランドセルが　パンパンで、にもつも　いっぱい」

（中略）

月曜日《げつようび》は、とくに　にもつが　多い　日《ひ》。

ヤドカリなんて　しつれいです。

ももは、ぷんぷん　おこって、ふうふう　いいながら　歩きました。

---

(3)　③行《い》って　きます！と　いった　ときの　ももの　気《き》もちを　あらわす　ことばを　文章中から　四字で　ぬき出しなさい。〈25点〉

(4)　④ヤドカリみたいだなと　いわれて、ももは　どんな　気もちに　なりましたか。一つ　えらんで　〇を　つけなさい。〈30点〉

ア（　）はずかしい　気もち。

イ（　）かなしい　気もち。

ウ（　）はらだたしい　気もち。

★★ 上級レベル

15分

／100

答え38ページ

学習日　月　日

1 つぎの 文章《ぶんしょう》を よんで、もんだいに こたえなさい。

入学《にゅうがく》しきに いく とき、まさやの おかあさんは、①ひろい みちを とおって いきました。だが、その 入学しきの あとで、先生《せんせい》が いいました。

「じどうしゃの とおる、ひろい みちは、きけんです。学校《がっこう》へ くる つうがくろは、がけの あいだの みちです。」

だから、おかあさんは、かえる とき、

「まさや。こんどは、がけの みちを とおりましょう。」

と、いいました。

（中略《ちゅうりゃく》）

こわくて、むねが ドキドキします。②足《あし》は ぶるぶるします。カラスが 一《ひと》こえ、ギャアと ない

まさやは、③うれしく なりました。がけの みちも、もう すぐ おわりです。

（古田足日《ふるたたるひ》『大《おお》きい1年生と小《ちい》さな2年生』）

(1) ①ひろい みちを 学校《がっこう》に いく ときに とおっては いけないのは なぜですか。〈25点〉

「　　　　」

(2) ②足《あし》は……しまいましたと ありますが、まさやが どんな 気《き》もちに なったと いう ことですか。〈25点〉

「　　　　」

た　ときなど、まっさおに　なって　しまいました。

まさやは、この　みちを　つうがくろに　きめた
学校が、[　]　なりました。

でも、やっと、おかあさんが　いいました。

「そら、まさや。うちが　みえるでしょう。」

さかみちは、まっすぐな　みちでした。その　まっすぐな　みちの　りょうがわの　林《はやし》が、とちゅうでスポッと　きれて　いて、その　むこうには、はたけが　ひろがって　いるのが　みえました。はたけの　むこうには、まさやの　うちが　みえました。

「うん。」

まさやは、しっかり　にぎって　いた　おかあさんの　手《て》を、もっと　しっかりと、にぎりなおしました。

「ようちえんの　ときは、とおれなくっても、一年《いちねん》生《せい》に　なったら　とおれたでしょう。まさやは、あすから　ランドセル　しょって、学校へ　いくんだものね。」

---

(3)　[　]に　あてはまる　ものを　一《ひと》つ　えらんで　○を　つけなさい。〈25点〉

ア（　）うらめしく
イ（　）おもしろく
ウ（　）さみしく

(4)　③うれしく　なりましたと　ありますが、なぜですか。**あてはまらない　もの**を　一つ　えらんで　○を　つけなさい。〈25点〉

ア（　）一年生《いちねんせい》に　なったら、がけの　みちを　とおれたから。

イ（　）おかあさんと　手《て》を　つないで　うちに　かえったから。

ウ（　）あすから　ランドセルを　せおって　学校へ　いくから。

1 つぎの 文章《ぶんしょう》を よんで、もんだいに こたえ なさい。

きょう、よし子《こ》と さえちゃんは、学校《がっこう》の かえりに、べつに おひなさまの はなしを した わけでも なかったのに、*三光《さんこう》ストアに 近《ちか》づくと、競争《きょうそう》のように かけだして、どうじに、①息《いき》を きらして ショーウィンドーの 前《まえ》に たったのでした。

②おひなさまは、きのうと おなじように、表《おもて》どおりを むいて、すまして 光《ひか》り かがやいて いました。一《いち》メートル半《はん》も あるかと 思《おも》われる ひな段《だん》には、まっかな きれが 敷《し》かれ、その 上《うえ》に ならんだ おひなさまは、金《きん》や 銀《ぎん》や 赤《あか》や 黒《くろ》の 衣装《いしょう》を つけ、いかにも できたての 顔《かお》を てらてら 光らして いました。

*内裏《だいり》びなの 冠《かんむり》は、金色《きんいろ》の うすい 金《かね》で できて いましたが、それから 何本《なんぼん》も ビーズの かざりが さがって いて、それが、国道《こくどう》を 重《おも》たい じゃりトラックなどが 通《とお》る たびに、まるで、おひなさまが 首《くび》を ふったように、③ゆらゆら ゆれました。それから、よし子を ④びっくりさせたのは、りっぱな *お道具《どうぐ》でした。じっさい、下《した》の ほうの 三段《さんだん》は、全部《ぜんぶ》、お道具だけで、うずまって いたのです。そして、そういう お道具は、全部 黒ぬりで、その 上に 金で おそろいの *からくさ模様《もよう》が かいて あり、*おぜんから たんすから、よし子の 名《な》も 知《し》らないような いろいろな ものから、*御所車《ごしょぐるま》まで そろって いました。

「うわぁ、この 車《くるま》！ お人形《にんぎょう》 のせて、ほんとに ひけそうだ！」と、さえちゃんが いいました。

「ねえ、こんな おひなさま、だれかが、はい、あげるよって、くれたら、どう する？ あたしなら、⑤ひっくりかえっちゃう……」

さえちゃんは、目《め》を つぶって、手《て》すりに がっくり、もたれかかって みせました。

よし子も、⑥ふしぎな 気《き》が しました。こうして かざって あるのは、だれかに 買《か》って もらう ためなのです。だれか、これを 買う 人《ひと》が いるのです。いったい、どんな 子どもが、これを もらうのでしょう。どんな 家《いえ》に、かざられるのでしょう。

たしかに、よし子の 家には、この 大《おお》きな おひなさまは、りっぱすぎると、よし子は 思《おも》いました。玄関《げんかん》の ＊二畳《にじょう》と ＊四畳半《よじょうはん》と ＊六畳《ろくじょう》だけの 家。これでも、おかあさんと ふたりで すむには 広《ひろ》すぎるくらいですが、よし子が 三《みっ》つの ころまでは、この 家に、おとうさんばかりか、おじいさんや おばあさんまで、そろって いました。

もとの 家が やけてから、まだ 畑《はたけ》ばかりだった その へんに、おじいさんが やっと その 家を 建《た》て、そこへ、おとうさんが 戦争《せんそう》から かえって きて、おかあさんと 結婚《けっこん》したのです。そのご、人数《にんずう》は、おじいさん、おばあさん、おとうさんの 順《じゅん》に へって ゆき、いまでは、家も 古《ふる》くなり、風《かぜ》が 吹《ふ》くと、がたぴしと なるように なりました。

たしかに、この おひなさまは、⑦あの 家には 不《ふ》つりあいです。それに、＊正札《しょうふだ》は 見《み》えませんが、きっと ずいぶん たかいでしょう。

「なかに はいって みない？ まだ ほかにも、ちがうの あるかも しれないわ。」

よし子は いいました。

「うん、はいって みよう。」

さえちゃんが、先《さき》に たって お店《みせ》に はいって ゆき、すぐの ところに、つくだ煮《に》を うって いる 店員《てんいん》さんに きくと、おひなさまは、二階《にかい》の

おくに　あるとの　ことでした。

よし子《こ》は、⑧ちょっと　冒険的《ぼうけんてき》な　気《き》もちを　味《あじ》わいながら、かんづめや、ビニールに　つまった　お菓子《かし》などが　[　　]　ならんで　いる　食品部《しょくひんぶ》の　前《まえ》を　通《とお》りぬけて、すみの　階段《かいだん》から　二階《にかい》に　あがりました。学校《がっこう》の　カバンを　もって、こんな　大《おお》きな　ストアに　はいった　ことは、まだ　なかったのです。

（石井桃子《いしいももこ》『三月《さんがつ》ひなのつき』）

（注《ちゅう》）○三光《さんこう》ストア＝おみせの　名前《なまえ》。
○内裏《だいり》びな＝男女《だんじょ》の　くみあわせの　ひな人形《にんぎょう》。
○お道具《どうぐ》＝ここでは、ひな人形と　いっしょに　かざる　ものの　こと。
○からくさ模様《もよう》＝つるくさが　からみあう　もよう。
○おぜん＝ここでは、りょうりを　のせる、足《あし》つきの　だいの　こと。
○御所車《ごしょぐるま》＝うしに　ひかせる　車《くるま》。
○二畳《にじょう》・四畳半《よじょうはん》・六畳《ろくじょう》＝へやの　ひろさを　あらわす　ことば。一畳《いちじょう》は　たたみ　一枚分《いちまいぶん》の　ひろさの　こと。
○正札《しょうふだ》＝ねだんを　かいた　ふだ。

---

(1) ①息《いき》を　きらしてと　ありますが、ここから　ふたりの　どんな　気《き》もちが　わかりますか。〈10点〉

おひなさまを　見《み》るのが　[　　　　]　な　気もち。

(2) ②おひなさまは、どこに　かざって　ありますか。〈10点〉

[　　　　]

(3) ③ゆらゆら　ゆれましたと　ありますが、なにが　ゆれたのですか。文章中《ぶんしょうちゅう》から　それぞれ　三字《さんじ》で　ぬき出《だ》しなさい。〈5点×2〉

[　　　]の[　　　]

(4) ④びっくりと　ありますが、よし子《こ》は　なぜ　びっくりしたのですか。〈10点〉

［　　　　］

(5) ⑤ひっくりかえっちゃうの　ここでの　いみの　せつめいを　一《ひと》つ　えらんで　○を　つけなさい。〈10点〉

ア（　）おもしろくて　わらいころげる。

イ（　）へんだと　おもって　うたがう。

ウ（　）おもいがけない　ことに　おどろく。

(6) ⑥ふしぎな　気が　しましたと　ありますが、なにが　ふしぎなのですか。〈10点〉

かざられて　いる　おひなさまを

［　　　　］

こと。

(7) ⑦あの　家《いえ》には　不《ふ》つりあいだと　おもったのは　なぜですか。〈10点×2〉

おひなさまは［　　　　］

だが、よし子の　家は

［　　　　］から。

(8) ⑧ちょっと　冒険的《ぼうけんてき》な　気もちに　なったのは　なぜですか。〈10点〉

いままで　学校《がっこう》の　かえりに、大《おお》きな　ストアに

［　　　　］

から。

(9) □に　あてはまる　ことばを　一つ　えらんで　○を　つけなさい。〈10点〉

ア（　）どろっと　イ（　）ずらっと

ウ（　）そろりと　エ（　）ぽつんと

16 気《き》もち(2)

★標準レベル

15分

/100

答え 41ページ

ねらい 登場人物の気持ちを考え、行動や発言の理由を読み取れるようになる。

学習日 月 日

1 つぎの 文章《ぶんしょう》を よんで、もんだいに こたえなさい。

ザア～と あまつぶが おちて きた。ひさしぶりの あめだ。

（中略《ちゅうりゃく》）

ちいさな むしや とりたちも おどるように うごきまわる。

みんな この あめを こころから よろこんで いるようだ。

そうげんに あつまって いた ぞうたちも、うれしさに さけびごえを あげた。

「こんなに ①よろこんで いる なかまたちを

④こぞうの パウが、なかまの こぞうたちと むれから はなれて いくのが みえたからだ。それも かわの ほうに むかって いる。

（木村裕一《きむらゆういち》『こぞうのパウのたびだち』）

(1) ①よろこんで いる ことは、ぞうたちの どのような こうどうから わかりますか。文章中《ぶんしょうちゅう》から 五字《ごじ》と 三字《さんじ》で ぬき出《だ》しなさい。〈10点×2〉

□□□□□ を □□□ こうどう

みるのは　なんにちぶりだろう。」
　あたらしく　むれの　リーダーに　なった　パオラは　②めを　ほそめた。だが　あめは　いつまでも　はげしく　ふりつづく。やまの　ほうを　③にらんで　いた　パオラは　つぶやいた。
「これは　まずいぞ。このまま　あめが　ふりつづけば、この　かわは　みずが　あふれて　たいへんな　ことに　なる。」
　さっそく　パオラは　なかまたちを　よびあつめた。
「みんな！　きいて　くれ。いまから　あんぜんな　ばしょに　うつる。あぶないから　かってに　どこかに　いかないように。」
　パオラの　こえに　ぞうたちが　つぎつぎに　あつまって　くる。
　その　ようすを　みわたして　いた　パオラが、こまった　かおで　つぶやいた。
「あいつ　こんな　ときに……。」

---

(2) ②めを　ほそめた　とき　パオラは　どんな　気《き》もちでしたか。一《ひと》つ　えらんで　○を　つけなさい。〈30点〉

ア（　）とくいげな　気もち。

イ（　）うれしい　気もち。

ウ（　）なつかしい　気もち。

(3) ③にらんで　いたの　せつめいを　一つ　えらんで　○を　つけなさい。〈25点〉

ア（　）おおあめに　ちゅういして　いた。

イ（　）とおくの　どうぶつを　みて　いた。

ウ（　）こぞうを　おころうと　して　いた。

(4) ④こぞうの　パウを　みた　ときの　パオラの　気もちは、どのような　ことに　あらわれて　いますか。文章中から　四字《よじ》で　ぬき出しなさい。〈25点〉

かお

★★ 上級レベル

15分

/100

答え41ページ

学習日　月　日

1 つぎの 文章《ぶんしょう》を よんで、もんだいに こたえ なさい。

「たぬきを かうんだ！」

入口《いりぐち》で おおさわぎが おこると、いわやま先生《せんせい》は でんわの じゅわきを 耳《みみ》から はなして、

「しずかに しなさい！ でんわちゅうですよ」と、みんなを ①にらみました。

「はい、しかたありません。それじゃ、はやく まいごの たぬきの いくさきを さがして くださいよ」

　それから、いわやま先生は また でんわを して、②やぎの こやを たぬきごやに つくりなおすのを たのみました。

　たけしは、こやに あみが はられて たぬきごやが できるまで、きゅうしょくの のこりの う

でも、たけしたちは うれしくて たまりませんでした。
　ずっと ずっと 山おくから、たぬきが みんなの やまぐにほいくえんに おきゃくに きたのですから。

（征矢清《そやきよし》『やまぐにほいくえん』）

(1) ①にらみましたと ありますが、なぜ 先生《せんせい》は にらんだのですか。〈20点〉

こどもたちが ［　　　　　　　　］ から。

どんを　もって、うろうろ　うろうろして　いました。

おりがみも　しなければ、えを　かくのも　そとで　とびはねる　ことも　しないで、［　　］しっぱなしだったのです。

みんなが　かえる　ころに　なって、やっと　たぬきは、こやに　はいる　ことが　できました。

たぬきは、つかれて　ぐったりして　いましたが、たけしが　いれて　やった　うどんを　がつがつ　がつがつ　たべました。

（中略《ちゅうりゃく》）

「この　たぬき、きっと　山《やま》おくから　あるいて　きたんだ。ゆきが　ふって、さむくて、おなかが　すいて、それで　山から　おりて　きたんだ」と、たけしは　よしこに　はなして　やりました。

「やれやれ」と、いわやま先生は　いいました。

「山おくから、とんでもない　③おきゃくさまが　きたものね」

---

(2) ②やぎの　こやを　つくりなおすのは、なにが　どこに　きたからですか。文章中《ぶんしょうちゅう》から　三字《さんじ》と　九字《きゅうじ》で　ぬき出《だ》しなさい。〈20点×2〉

山《やま》おくから［　　　］が

［　　　　　　　　　］に

きたから。

(3) ［　　］に　あてはまる　ことばを　一《ひと》つ　えらんで　○を　つけなさい。〈20点〉

ア（　）ぬくぬく　イ（　）いらいら

ウ（　）そわそわ　エ（　）こそこそ

(4) ③おきゃくさまが　きた　ことを、こどもたちは　どう　おもって　いますか。〈20点〉

「　　　　　　」と　おもって　いる。

★★★ 最高レベル

30分

/100

学習日　月　日

答え 42ページ

1 つぎの 文章《ぶんしょう》を よんで、もんだいに こたえ なさい。

「来週《らいしゅう》から 水泳《すいえい》が 始《はじ》まります。」

五月《ごがつ》の 運動会《うんどうかい》が 終《お》わって すぐの 朝《あさ》の 会《かい》で、担任《たんにん》の 川口《かわぐち》ゆかり先生《せんせい》が いった。

「わーっ！」

何人《なんにん》かが 声《こえ》を あげた。

ゆかり先生が にこやかに みんなの 顔《かお》を 見《み》る。

ぼくは、プイッと ①そっぽを 向《む》いた。

ぼく、林歩夢《はやしあゆむ》は 水泳が 大《だい》きらいだ。

「今年《ことし》は 水泳大会《たいかい》が あるので、全員《ぜんいん》 クロール 二十五《にじゅうご》メートルを 泳《およ》げるように がんばりましょう。」

ぼくたちの 学校《がっこう》は 四年生《よねんせい》から、クラス対抗《たいこう》の 水泳大会が あるんだ。

「三組《さんくみ》、また 一位《いちい》 とろうぜ！」

マサこと 田中正文《たなかまさふみ》が、こぶしを あげた。

「そうだね。」

「がんばろう！」

②みんなも 口《くち》ぐちに 言《い》った。

この あいだの 運動会の ③クラス対抗全員リレーで 三組が 一位だったんだ。みんな その 興奮《こうふん》から、まだ 覚《さ》めきらない 様子《ようす》だ。

クラス対抗全員リレーは、抜《ぬ》いたり 抜かれたりの すごい *接戦《せっせん》だった。

今《いま》でも *ビデオを 見て いるように、頭《あたま》に うかぶ。

★ぼくは *アンカーだった。ぼくに バトンが まわって きた とき 三組は、四組中《よんくみちゅう》、三位《さんい》。前《まえ》に 二人《ふたり》も いる。こういう とき、ぼくは 燃《も》える。

抜いて　やる！
ぼくは　バトンを　つかむと　全速力《ぜんそくりょく》で　飛《と》び出《だ》した。
一人《ひとり》　抜いた！
ぼくの　前には　あと　一人、四組の　杉山将太《すぎやましょうた》だ。思《おも》いっきり　地面《じめん》を　けり、うでを　ふる。ならんだ！
杉山が　チラッと　こっちを　見た。
ぼくは　最後《さいご》の　力《ちから》を　ふりしぼる。
抜いた！
そのまま　ゴールに　飛びこんだ。
④むねで　切《き》った　テープが、□　宙《ちゅう》に　まう。
「やったー！」　［あ］

ぼくの　まわりに、⑤みんなが　かけよって　きた。

そして　頭を　たたかれたり、だきつかれたり。

「歩夢くん、すごーい！」

「かっこいい！」


「二人も　抜いて、感動《かんどう》しちゃった。」

なみだぐんで　いる　女子《じょし》も　いた。

ぼくは、ヒーローに　なったみたいで　うれしかった。　［い］

「歩夢くん、⑥水泳も　がんばろうね。」

頭の　中《なか》の　ビデオが　止《と》まった。

となりの　席《せき》の　原《はら》みなみちゃんが、ぼくを　見て　笑《わら》って　いた。

みなみちゃんは　笑うと、ほっぺに　えくぼが　できて　かわいい。　［う］

「あ……。う、うん。」

ぼくは、⑦あいまいに　返事《へんじ》した。

みなみちゃんは　去年《きょねん》の　秋《あき》に　転校《てんこう》して　きたから、ぼくが　水泳を　きらいな　ことを　知《し》らないんだ。

（麻生《あそう》かづこ『およぐ！』）


（注《ちゅう》）○接戦＝なかなか　かちまけが　つかない　しょうぶ。
○ビデオ＝テレビなどに　うつす　えいぞう。
○アンカー＝リレーで　いちばん　さいごに　はしる　人《ひと》。

(1) ①そっぽを 向《む》いたと ありますが、「ぼく」が そう したのは なぜですか。〈10点〉

ぼくは 水泳《すいえい》が

［　　　　］

(2) ②みんなは クラス対抗《たいこう》の 水泳大会《たいかい》に むけて どう しようと して いますか。文章中《ぶんしょうちゅう》から 五字《ごじ》で ぬき出《だ》しなさい。〈10点〉

一位《いちい》を とる ため、□□□□□と して いる。

(3) ③クラス対抗全員《ぜんいん》リレーに ついて こたえなさい。

1 リレーの きおくが 頭《あたま》に うかんだ ことを どのような ことに たとえて いますか。文章中から 三字《さんじ》で ぬき出しなさい。〈10点〉

□□□を 見《み》て いる こと。

2 「ぼく」が 頭に うかべて いる リレーの 様子《ようす》は、★から どこまで かかれて いますか。一《ひと》つ えらんで ○を つけなさい。〈10点〉

[あ]（　）

[い]（　）

[う]（　）

(4) ④むねで 切《き》った テープと いう ことばから、だれが どう した ことが わかりますか。一つ えらんで ○を つけなさい。〈10点〉

ア（　）「ぼく」が さいごに ゴールした こと。

イ（　）「ぼく」が むねを けがした こと。

ウ（　）「ぼく」が 一位で ゴールした こと。

(5) □に あてはまる ことばを 一つ えらんで ○を つけなさい。〈10点〉

ア（　）どさっと　イ（　）ぷつりと

ウ（　）きらっと　エ（　）ふわりと

(6) ⑤みんなが かけよって きた とき、「ぼく」は どんな 気《き》もちに なりましたか。〈15点〉

「　　　　」

(7) ⑥水泳も がんばろうねと いった みなみちゃんの 気もちを せつめいした ものを 一つ えらんで ○を つけなさい。〈15点〉

ア（　）およげるか しんぱいして いる「ぼく」を はげまして いる。

イ（　）水泳でも リレーの ときと おなじような がんばりを きたいして いる。

ウ（　）水泳が とくいな じぶんを 見て ほしいと おもって いる。

(8) ⑦あいまいに 返事《へんじ》したのは、なぜですか。一つ えらんで ○を つけなさい。〈10点〉

ア（　）ほんとうは およぎたくないとは いいにくいから。

イ（　）いわれた ことを まったく きいて いなかったから。

ウ（　）はりきって いると おもわれたくないから。

復《ふく》習《しゅう》テスト⑥

15分

/100

答《こた》え 44ページ

学習日　月　日

1 つぎの　文章《ぶんしょう》を　よんで、もんだいに　こたえなさい。

土曜日《どようび》、①あゆみは　歌《うた》の　練習《れんしゅう》の　ために　ゆりちゃんちへ　行《い》く　ことに　なった。

朝《あさ》から　そわそわして　おちつかなかった。

お昼《ひる》を　食《た》べた　あゆみは　少《すこ》し　早《はや》めに　家《いえ》を　出《で》た。

ゆりちゃんちに　着《つ》いても　あゆみは　どきどきして　いた。

インターホンを　おしたら　すぐに　返事《へんじ》が　あった。

開《ひら》いた　ドアから、にこにこと　わらいながら　ゆりちゃんが　出て　きた。

わらって　いる　ゆりちゃんの　顔《かお》を　見《み》たら、息《いき》を　ふきかけるように　すると　のどが　開くんだって」

そう　言《い》って、ゆりちゃんが　自分《じぶん》の　手に　あたたかい　④息を　ほう〜っ、と　ふきかけた。

「へぇ〜、それで　のどが　開くんだ」

あゆみは　感心《かんしん》しながら　ゆりちゃんの　顔を　見つめた。

（福田岩緒《ふくだいわお》『しゅくだいがっしょう』）

(1) ①あゆみは　ゆりちゃんちに　行《い》くまで　どんな　様子《ようす》でしたか。〈25点〉

「　　　　　」様子。

②胸《むね》の　どきどきが、少《すこ》し　おさまった。

部屋《へや》へ　入《はい》ると　すぐ　ゆりちゃんが、ママから聞《き》いた、歌を　うまく　うたう　方法《ほうほう》を、あゆみに教《おし》えて　くれた。

一《いち》、しせいを　正《ただ》して　うたう

二《に》、歌詞《かし》を　つけないで、「ぐ」だけで　うたう

三《さん》、口《くち》より　先《さき》に　のどを　開く

「しせいを　正して　うたうのは　わかるけれど、『ぐ』だけで　うたうって　どういう　ことなの？」

あゆみが　ゆりちゃんに　聞いた。

「歌詞の　かわりに、『ぐぐぐ～』って、うたうの。音《おと》が　外《はず》れにくいんだって」

「本当《ほんとう》？」

あゆみは　なんだか　③しんじられなかった。

「もう　一《ひと》つ　聞いて　いい？　三番目《さんばんめ》の　『口より　先に　のどを　開く』って、のどを　どう　やって　開くの？」

「かんたんよ。こう　やって、手《て》に　あたたかい

(2)　②胸《むね》の　どきどきが、少《すこ》し　おさまったのは　なぜですか。〈25点〉

「　　　　　　　　」

(3)　③しんじられなかったと　ありますが、なにが　しんじられなかったのですか。〈25点〉

「　　　　　　　　」

という　こと。

(4)　④息《いき》を　ほう～っ、と　ふきかけたのを　見《み》た　とき、あゆみは　どう　おもいましたか。一《ひと》つ　えらんで　○を　つけなさい。〈25点〉

ア（　）のどの　しくみが　よく　わからない。

イ（　）ゆりちゃんに　うたで　まけるのは　くやしい。

ウ（　）のどの　開《ひら》きかたを　しって　いる　ゆりちゃんは　すごい。

思《し》考《こう》力《りょく》問《もん》題《だい》に チャレンジ③

15分

/100

答え44ページ

学習日　月　日

1 つぎの 文章《ぶんしょう》を よんで、もんだいに こたえなさい。

つぎの 日《ひ》も、また つぎの 日も、島《しま》の うみべには、ひどい ゆきあらしが、あれくるいました。おとうさんペンギンと おかあさんペンギンは、かわりばんこに、たまごを だいて、あかんぼうペンギンの 出《で》て くる 日を、いまかいまかと まちました。

コツ……コツ、コツ……コツ、

ある あさ、おかあさんペンギンは、①はっと しました。おとうさんペンギンの おなかの 下《した》で、ちいさな ちいさな 音《おと》が して いるのです。

とうとう、たまごの なかの あかちゃんが、か

「なんて、げんきの いい、ぼうやだろう」

おとうさんペンギンは、②にっこりしました。

（いぬい とみこ『ながいながいペンギンの話《はなし》』）

(1) ①はっと しましたと ありますが、おかあさん ペンギンは なぜ はっと したのですか。〈20点〉

たまごの なかの あかちゃんが

［　　　　　　　　］

から。

(2) ★の 中《なか》の、㋐～㋓の 四《よっ》つの まとまりは、じゅんばんが あって いません。正《ただ》しい じゅんばんに ならべなさい。〈完答20点〉

（　）→（　）→（　）→（　）

らを　つっつきはじめたのです。

㋐ぼうやは、はねを　ひろげました。それから、おなかの　下に　ちぢめて　いた、ちいさな　足《あし》を、もじもじさせました。

㋑おかあさんは、むねが、どきどきしました。かたほうの　たまごに、コチンと　ひとつ、われめが　できて、かわいい　くちばしが、のぞきました。

★

㋒「たまごの　そとは、さむいなあ。それでもぼくは、出て　いかなくちゃあ」

㋓それから、ねずみいろの　もじゃもじゃのあたまが、ひょっこり、そとへ　かおを　だしたと　おもうと、この　ぼうやは、くしゅんと、くしゃみを　しました。

おかあさんは、くちばしで、ぼうやを　立《た》たせてやろうと　しました。すると、

「いいの。ぼく、ひとりで　するよ」と、ペンギンの　ぼうやは　いいました。

---

(3) ②にっこりしましたと　ありますが、おとうさんペンギンは、なぜ　にっこりしたのですか。あかちゃんが　生《う》まれる　まえの、おとうさんの　気《き》もちも　あわせて　かきなさい。〈20点×3〉

生まれるのを［　　　　］に　して

いた　あかちゃんが、

［　　　　］

のを　見《み》て、

［　　　　］

から。

4章

せつめい文《ぶん》の よみとり

17 わだい(1)

学習日　月　日

ねらい　文章を読んで、どんな話をしているかを考えられるようになる。

★標準レベル

15分　/100　答え46ページ

1 つぎの 文章《ぶんしょう》を よんで、もんだいに こたえなさい。

うまれたばかりの あかちゃんは、どんどん おおきく なって いく。①あるきはじめる ころには、はも はえて、きみたちと おなじ ものが たべられる。4さいくらいに なると、からだの おおきさは ②うまれた ときの ばいにも なって いる。③1ねんせいでは、からだつきも だいぶ おとなに にた かっこうに なる。

でも、おとなと おなじ おおきさに なるのは 15さいくらい、④ちゅうがくせいの ころだろう。きみたちは まだ 10かいくらい おたんじょうび

(2) ①あるきはじめる ころに、あかちゃんは どう へんかしますか。文章中から 一字《いちじ》で ぬき出しなさい。〈20点〉

□ が はえる。

(3) ②うまれた ときの ばいにも なって いると ありますが、なにが ばいに なるのですか。一《ひと》つ えらんで ○を つけなさい。〈20点〉

ア（　）からだの おおきさ

イ（　）からだの おもさ

ウ（　）おたんじょうびの ひ

が　こなければ　おとなには　なれない　わけだ。

（中略《ちゅうりゃく》）

ひとの　からだは　びょうきを　しなくても、うまれてから　100かいも　おたんじょうびを　むかえるのは　むずかしい。

そのうちには　しぬのだけれど、その　あいだに　こどもを　つくり、その　こどもが　また　こどもを　うんで、ひとと　ひととは　つながって　いく。

だから、こどもの　からだは　おとうさんや　おかあさん、おじいちゃんや　おばあちゃんと　⑤どこか　にて　いる　ところが　ある　ものだ。

（毛利子来《もうりたねき》『ひとのからだ』）

(1) この　文章《ぶんしょう》は、なにに　ついて　かかれて　いますか。文章中《ぶんしょうちゅう》から　三字《さんじ》で　ぬき出《だ》しなさい。〈20点〉

人間《にんげん》の［　　　］に　ついて。

(4) ③1ねんせい、④ちゅうがくせいの　ころの　へんかの　とくちょうを　それぞれ　えらびなさい。〈10点×2〉

ア おとなの　はんぶんの　おもさに　なる。

イ おとなのように　びょうきを　しやすくなる。

ウ おとなに　にた　かっこうに　なる。

エ おとなと　おなじ　おおきさに　なる。

1ねんせい［　］

ちゅうがくせいの　ころ［　］

(5) ⑤どこか　にて　いる　ところが　あると　ありますが、それは　なぜですか。文章中から　五字《ごじ》で　ぬき出しなさい。〈20点〉

こどもを　つくる　ことで　ひとと　ひととは［　　　　　］いくから。

15分

学習日　月　日

／100

答え47ページ

1 つぎの 文章《ぶんしょう》を よんで、もんだいに こたえ なさい。

①土《つち》に たねを まきましょう。

ゆびで 土に 小《ちい》さな あなを あけて、その なかに、かたい、よい たねを えらんで、ひとつぶずつ おとします。そして かるく 土を かぶせます。

でも、これだけでは、たねは ねむりから さめません。じょうろで 水《みず》を まいて やりましょう。

水を すって やわらかく なると、たねは やっと めを さまします。

生《い》きて いるなら、たねに、なにか へんかが おきるはずです。どんな へんかが おきはじめるか、みまもって いきましょう。

土の なかの ようすを しらべて みましょう。

(1) この 文章は、なにに ついて かかれて いますか。文章中《ぶんしょうちゅう》から 二字《にじ》と 一字《いちじ》で ぬき出《だ》し なさい。〈15点×2〉

［　　］の まきかたと ［　］の 様子《ようす》に ついて。

(2) ①土《つち》に たねを まきましょう と ありますが、どのような じゅんじょで おこなうのですか。正《ただ》しい じゅんじょに しなさい。〈完答30点〉

ア→（　）→（　）→（　）

ア ゆびで 土に 小《ちい》さな あなを あける。

イ かるく 土を かぶせる。

ウ じょうろで 水《みず》を まく。

エ たねを ひとつぶずつ あなに おとす。

まいた ときには なかった 白《しろ》い ものが、たね
から 地《ち》ちゅう 深《ふか》く のびて います。これが
②ねです。

ねが、土の なかに ぐんぐん のびて いきま
す。よく みると、地上《ちじょう》に でて いる ぶぶんだ
けが ③赤《あか》みを まして きましたね。これは、そ
の ぶぶんだけが 日光《にっこう》を うけて、なにか へん
かが おこって いる ためです。

ねを、虫《むし》めがねで のぞいて みましょう。太《ふと》い
ねから、毛《け》のような ものが たくさん はえて
いますね。これを ④根毛《こんもう》と よんで います。根
毛は、地ちゅうの せまい すきまに もぐりこん
で、そだつのに たいせつな 水分《すいぶん》と、それに と
けて いる ＊養分《ようぶん》を すいこむ やくめを して
いるのです。

（中山周平《なかやましゅうへい》『科学《かがく》のアルバム アサガオ たねからたねまで』）

（注《ちゅう》）○養分＝生《い》きものが そだつ ための えいよう。

---

(3) ②ねと ありますが、どのような ものですか。〈15点〉

たねから「　　」白《しろ》い
もの。

(4) ③赤《あか》みを まして きましたと ありますが、なぜ このような へんかが おこったのですか。〈10点〉

地上《ちじょう》に でる ことで
「　　」から。

(5) ④根毛《こんもう》と ありますが、根毛は なにを すいこむ やくめを して いますか。文章中から 二字で ぬき出しなさい。〈15点〉

□□と 養分《ようぶん》を すいこむ やくめ。

★★★ 最高レベル

30分

/100

答え 48ページ

学習日 月 日

1 つぎの 文章《ぶんしょう》を よんで、もんだいに こたえなさい。

廃棄物工学研究所《はいきぶつこうがくけんきゅうじょ》が 2011年《ねん》に 調《しら》べた ところ、2010年の 世界中《せかいじゅう》の すべての ごみの 量《りょう》は 約《やく》105億《おく》トン。30年後《ご》の 2050年には 約223億トンに なるそうです。東京《とうきょう》ドームを ごみ箱《ばこ》に たとえて 計《けい》算《さん》すると、なんと 60000杯《はい》にも なります。

①世界中の ごみは、もやす、地中《ちちゅう》に うめる、*リサイクルするなど いろいろな 方法《ほうほう》で 処理《しょり》されて いますが、処理は 追《お》いつかないようです。ごみの 中《なか》でも、特《とく》に プラスチックごみが 問《もん》題《だい》に なって います。

②プラスチック製品《せいひん》は レジ袋《ぶくろ》を はじめ、ペットボトルや 食品《しょくひん》の トレイ、ストローなど さまざまな ものに 使《つか》われて います。日本《にほん》では 1958年ごろに 作《つく》られ、軽《かる》く、じょうぶ、便利《べんり》で、わたしたちの 生活《せいかつ》に なくては ならない ものに なりました。ところが 使《つか》い終《お》わると すてられて しまいます。

1950年 以降《いこう》に 世界で 製造《せいぞう》された プラスチック製品の 量は 約83億トンで、うち 63億トンが ごみとして すてられて います。

2010年には 800万《まん》トン 近《ちか》くの プラスチックごみが リサイクルされずに、すてられて 海《うみ》に 流《なが》れこんだ そうです。

③こまった ことに、プラスチック製品は 海や 土《つち》の 中では *分解《ぶんかい》されず、500年も 残《のこ》って しまう そうです。

海に 流《なが》れ出《だ》した プラスチックごみは、世界中の 海岸《かいがん》に おしよせ、漁業《ぎょぎょう》の じゃまに なり、また 美《うつく》しい 砂浜《すなはま》を よごして しまいます。

レジ袋は、海に　流れだすと、ふわふわと　ういて　クラゲのように　見《み》える　ことが　あります。エサと　まちがえて　ウミガメや　大《おお》きな　魚《さかな》が　飲《の》みこんで　しまうそうです。レジ袋は　おなかの中でも　とけない　ため、胃《い》や　腸《ちょう》の　中で　とどまって　しまい、やがて　本当《ほんとう》の　エサを　食《た》べる　ことが　できなく　なり、弱《よわ》って　死《し》んで　しまう　ことも　あります。

④プラスチックごみは、人《ひと》に　とっても　生《い》きものに　とっても　こまった　ものなのです。

このままでは　世界の　海は　プラスチックごみだらけに　なって　しまうかも　しれません。

プラスチックごみは、海に　流れだすと、波《なみ》や　強《つよ》い　太陽《たいよう》の　光《ひかり》で　ばらばらに　なり、５mm《ミリ》ほどの　小《ちい》さな　粒《つぶ》に　なります。これを　⑤マイクロプラスチックと　いい、この　小さな　粒は、海を　ただよい、また　海の　底《そこ》に　しずみ、魚や　貝《かい》が　飲みこんだり　して　います。

石油《せきゆ》が　*原料《げんりょう》で　ある　プラスチックが、マイクロプラスチックに　なり、海の　生きものの　体《からだ》に　入《はい》って　しまうのは、決《けっ》して　いい　ことではありません。

2016年に　開《ひら》かれた　世界経済《けいざい》フォーラムでは、2050年には　海に　流れこむ　プラスチックごみの　量が　約11億2400万トンに　なり、海に　いる　すべての　魚の　量を　上回《うわまわ》ると　いう　予測《よそく》を　発表《はっぴょう》して　います。

レジ袋や　おかしの　袋を　ぽいすてすると、風《かぜ》に　あおられて　川《かわ》や　海に　流れこむ　ことが　あります。そう　すると　川や　海を　よごし、生きものを　苦《くる》しめる　ことに　なるのです。

わたしたちは　ごみを　ぽいすてしない、そして、できるだけ　リサイクルできる　ものを　使う　ことを　頭《あたま》に　入《い》れて　おかなくては　なりません。

（小六信和《ころくのぶかず》・中村文人《なかむらもんど》『おもしろ〝紙学《かみがく》〟―紙の未来《みらい》とわたしたちの生活　リサイクル―紙はよみがえるんだ！［資源《しげん》を節約《せつやく》する］』）

(注《ちゅう》) ○リサイクル＝つかいおわった ものを、しげんと して もう いちど つかうこと。
○分解《ぶんかい》＝ひとつに まとまって いる ものを、わける こと。
○原料《げんりょう》＝もとに なる ざいりょうの こと。

(1) この文章《ぶんしょう》は、なにに ついて かかれて いますか。文章中《ぶんしょうちゅう》から 八字《はちじ》で ぬき出《だ》しなさい。〈15点〉

□□□□□□□□ の もんだいに ついて。

(2) ①世界中《せかいじゅう》の ごみが、処理《しょり》されて いる 方法《ほうほう》に ついて、**あてはまらない もの**を 一《ひと》つ えらんで ○を つけなさい。〈15点〉

ア（ ）地中《ちちゅう》に うめる
イ（ ）川《かわ》や 海《うみ》に 流《なが》す
ウ（ ）リサイクルする

(3) ②プラスチック製品《せいひん》の よい とくちょうを 文章中から 四字《よじ》で ぬき出しなさい。〈15点〉

・軽《かる》い
・便利《べんり》
・□□□□

(4) ③こまった こととは、プラスチック製品が どのように なる ことですか。一つ えらんで ○を つけなさい。〈10点〉

ア（ ）海や 土《つち》の 中《なか》で 分解《ぶんかい》せず、500年《ねん》も 残《のこ》ること。
イ（ ）土の 中で、生《い》きものを 苦《くる》しめる どくを 出《だ》す こと。
ウ（ ）海の 中で とけて、見《み》えなく なって しまうこと。

(5) ④プラスチックごみは、……こまった ものと ありますが、なぜですか。**あてはまらない もの**を 一つ えらんで ○を つけなさい。〈15点〉

ア（　）漁業《ぎょぎょう》の じゃまに なり、砂浜《すなはま》を よごすから。

イ（　）わたしたちの 生活《せいかつ》に なくては ならない ものだから。

ウ（　）魚《さかな》や ウミガメが 飲《の》みこんで、死《し》んでしまう ことが あるから。

(6) ⑤マイクロプラスチックを 生きものが 飲みこむと よくないのは なぜですか。〈15点〉

マイクロプラスチックは、

［　　　　　　　　　　］

から、海の 生きものの 体《からだ》に とりこまれる ことは よくない。

(7) この 文章の ないようと あう ものを 一つ えらんで ○を つけなさい。〈15点〉

ア（　）人は ごみを ぽいすてせず、リサイクルできる ものを 使《つか》う ほうが よい。

イ（　）ストローなどの プラスチック製品は 使い終《お》わると すべて リサイクルされる。

ウ（　）2050年《ねん》には 海の プラスチックごみと 魚の 量《りょう》が 同《おな》じに なる。

4章

せつめい文《ぶん》の よみとり

18 わだい(2)

学習日　月　日

ねらい　話題をつかみ、どのような内容が書かれているのか理解できるようになる。

★標準レベル　15分　／100　答え 49ページ

1 つぎの 文章《ぶんしょう》を よんで、もんだいに こたえなさい。

ほった じゃがいもを そのまま なんにちも おいて おくと、じゃがいもは めを だします。つちに うえたり みずを やらなくても じゃがいもは じぶんの なかに ある えいようで ①めを だすのです。

じゃがいもを そだてて みましょう。

そだてて しゅうかくする ための もとに なる じゃがいもを たねいもと いいます。

たねいもを つちに うめると つちの なかで めが うえに むかって のびはじめ、ねも した

(1) この 文章は、なにに ついて かかれて いますか。文章中《ぶんしょうちゅう》から 五字《ごじ》で ぬき出《だ》しなさい。〈25点〉

［　　　　　］の そだつ ようす に ついて。

(2) ①めを だす ために ひつようなのは なんですか。一《ひと》つ えらんで ○を つけなさい。〈25点〉

ア（　）つちに うえる こと。

イ（　）みずを あげる こと。

ウ（　）じゃがいもの なかの えいよう。

にむかって　でて　きました。のびた　めは　じめんに　かおを　だした　あとも　さらに　のびて　くきと　なり、どんどん　はを　つけて　いきます。

　じゃがいもの　はっぱは　たいようの　ひかりを　うけて　えいようを　つくりはじめます。

　つくられた　えいようは　じめんの　したへと　はこばれます。

　じめんの　したでは　はっぱで　つくられた　えいようと　たねいもの　えいようを　つかって　どんどん　②ねが　のびて　います。

　たねいもの　うえの　くきからは　ねとは　ちがう　しろい　えだのような　ものが　のびて　います。

（荒井真紀《あらいまき》『じゃがいも』）

---

(3) ②ねが　のびて　いますと　ありますが、たねいもの　えいようと　なにを　つかって　のびて　いますか。文章中から　ぬき出しなさい。〈25点〉

［　　　　　　　　　　］

(4) この　文章の　ないようと　あう　ものを　一つ　えらんで　○を　つけなさい。〈25点〉

ア（　）じゃがいもの　はっぱは　たいようの　ひかりを　うけて　えいようを　つくる。

イ（　）とくべつな　えいようを　あたえられた　じゃがいもが　たねいもに　なる。

ウ（　）ほった　じゃがいもは　そのまま　なんにち　おいても　へんかしない。

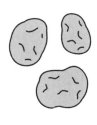

★★ 上級レベル

15分

/100

答え50ページ

学習日　月　日

1 つぎの 文章《ぶんしょう》を よんで、もんだいに こたえなさい。

おたまじゃくしの ときは、やわらかい 水草《みずくさ》を たべて いたのに、カエルに なってからは、小《ちい》さな 生《い》きものを とって たべるように なります。うごいて いる えさなら なんでも とります。ハエ、カ、トンボ、ときには カタツムリだって たべて しまいます。

でも、どうした わけでしょう。しんで しまったり、うごかない 虫《むし》を そばに おいても みむきも しません。

きっと、えものを さがすのは、かたちや、においでではなく、うごきに よってなのでしょう。

カエルが 虫を とらえる ときは、目《め》にも とまらない すばやさです。

マズなど、カエルには たくさんの てきが いるのです。

（種村《たねむら》ひろし『カエルのたんじょう』）

(1) この 文章は なにに ついて かかれて いますか。文章中《ぶんしょうちゅう》から 三字《さんじ》と 二字《にじ》で ぬき出《だ》しなさい。〈15点×2〉

カエルが □□□ 生《い》きものと、

カエルを ねらう □□ に ついて。

虫が　カエルの　そばを、しらずに　とおりすぎようと　すると、パクッと　くわえられて　しまいます。
小さい　虫を　とらえる　ときには、ねばねばした　したを　サッと　のばして　虫を　くっつけ、すばやく　のみこんで　しまう　ことも　あります。
★したを　のばしすぎて　口《くち》に　もどらなくなって　しまい、あわてて　まえ足《あし》で　したを口の　なかに　おしこんだり　する　カエルもいます。
カエルは、田《た》や　はたけを　あらす　虫を　とって　たべて　くれる、やくに　たつ　どうぶつです。

小さな　虫たちに　とっては、カエルは　おそろしい　てきですが、その　カエルも、空《そら》から、しげみの　なかから、水草の　かげから　おそろしいてきに　ねらわれて　います。

ヘビ、モズ、サギ、ゲンゴロウ、タイコウチ、ナ

---

(2) しんで　しまったり……みむきも　しませんと　ありますが、なぜですか。〈20点〉
カエルが　えものを　さがす　ときは、

(3) ★の　ぶぶんは　どんな　ときの　ことに　ついて、かかれて　いますか。文章中から　四字《よじ》で　ぬき出しなさい。〈20点〉
カエルが　虫《むし》を　　　　とき。

(4) カエルは、どんな　生《い》きものですか。文章中から　ぬき出しなさい。〈15点×2〉
・人間《にんげん》に　とって
・小《ちい》さな　虫たちに　とって

30分

/100

答え 51ページ

学習日　月　日

1 つぎの 文章《ぶんしょう》を よんで、もんだいに こたえなさい。

　人々《ひとびと》は、火《ひ》を つかって ものを 動《うご》かす 仕組《しく》みを、つぎつぎに 考《かんが》えだしました。エンジンはその ひとつです。自動車《じどうしゃ》や 大《おお》きな 船《ふね》、飛行機《ひこうき》などを 動かします。
　エンジンの 燃料《ねんりょう》は、石油《せきゆ》から つくられます。①石油は とても よく 燃《も》える 油《あぶら》で、大《おお》むかしの 海《うみ》の そこに、たくさんの 微生物《びせいぶつ》が つもって できたと 考えられて います。あちこちで石油が くみだされるように なりました。
　蒸気機関《じょうききかん》や エンジンを 動かすように なって、②こまった ことも おきました。石炭《せきたん》や 石油を燃やす ときに 出《で》る けむりや すすが、空気《くうき》をよごして しまったのです。

　そのため、のどが いたく なったり、病気《びょうき》になったり する 人が ふえました。また、よごれた 空気が 雨《あま》つぶに とけると、湖《みずうみ》や ぬまに生《い》きものが 住《す》みにくく なります。

　そんな 中《なか》、新《あたら》しい 機械《きかい》が つぎつぎと 登場《とうじょう》し、くらしは ますます 便利《べんり》に なって いきました。やがて、発電機《はつでんき》と いう、電気を つくりだす 仕組みも 発明《はつめい》されました。

（中略《ちゅうりゃく》）

　それから、音《おと》や 光《ひかり》を 電気信号《しんごう》に おきかえ、遠《とお》くまで、すばやく つたえる 仕組みが 発明されたのです。

　その 仕組みを つかった 電話《でんわ》や テレビは、人々の くらしを 大きく 変《か》えました。さらに、コンピューターが 発明され、世界中《せかいじゅう》の 人たちと、さまざまな 情報《じょうほう》を やりとりできるように なりました。コンピューターが　あれば、生きものの設計図《せっけいず》で　ある　遺伝子《いでんし》を　調《しら》べたり、宇宙《うちゅう》に　とばす　ロケットを　つくったり　する　ことも　できます。

電気の　ある　くらしを　ささえて　いるのは、発電所《はつでんしょ》です。発電所では、タービンと　いう　大きな　装置《そうち》を　ぐるぐる　回《まわ》して、電気を　つくります。タービンは、水《みず》や　風《かぜ》の　力《ちから》、それから、石炭や石油、天然《てんねん》ガスなどの　燃料を　燃やした　熱《ねつ》によって　回ります。燃える　火を　身近《みぢか》に　見《み》る　ことは　少《すく》なく　なりましたが、③火は　今《いま》も、わたしたちの　くらしと　ともに　あるのです。

電気も、火と　おなじように、自然《しぜん》の　めぐみから　つくられて　います。人間《にんげん》は、電気を　うみだす　④水や　空気、石炭や　石油などを　つくりだす　ことは　できません。さまざまな　生きものがくらす　森《もり》や　海も、ゆたかな　土《つち》も、地球《ちきゅう》が　長《なが》い　年月《ねんげつ》を　かけて、はぐくんで　きた　ものです。

⑤それなのに、人間は　便利な　くらしを　おいもとめ、森を　へらし、水や　空気を　よごしてきました。このままでは、⑥すべての　生きものがくらしにくく　なる　いっぽうです。

地球は、かけがえの　ない、ひとつの　星《ほし》です。水や　空気を、とりかえる　ことは　できません。人々は　ようやく、地球　ぜんたいに　ついて　考えはじめました。どうしたら、ほかの　生きものたちと　ともに、地球で　ずっと　くらして　いけるでしょう。

人間は　火の　力を　つかって、たくさんの　知《ち》恵《え》を　生《う》みだしました。こまった　ことも　おきましたが、すこしずつ　学《まな》びながら　歩《あゆ》んで　きました。世界中の　人たちと　いっしょに　考えれば、きっと　地球を　大切《たいせつ》に　する　道《みち》が　見つかるはずです。

（まつむらゆりこ『はじまりは　たき火《び》――火と　くらしてきた　わたしたち』）

(1) この 文章《ぶんしょう》から 人《ひと》が どんな 仕組《しく》みを 発明《はつめい》した ことが わかりますか。文章中《ぶんしょうちゅう》から 二字《にじ》 または 一字《いちじ》で ぬき出《だ》しなさい。〈5点×3〉

・火《ひ》を 使《つか》って ものを 動《うご》かす エンジン

・□ を つくりだす 発電機《はつでんき》

・□ や □ を 電気信号《でんきしんごう》に おきかえ、遠《とお》くまで 伝《つた》える 電話《でんわ》や テレビ

(2) ①石油《せきゆ》は なにで できたと かんがえられて いますか。一《ひと》つ えらんで ○を つけなさい。〈10点〉

ア（　）よく 燃《も》える 油《あぶら》

イ（　）たくさんの 微生物《びせいぶつ》

ウ（　）海《うみ》の そこの ごみ

---

(3) ②こまった ことと ありますが、どんな ことですか。〈15点〉

石炭《せきたん》や 石油を 燃やす ときに 出《で》る

「　　　　　　　　　　」こと。

(4) ③火《ひ》は 今《いま》も、……ともに あると ありますが、なぜ そう いえるのですか。一つ えらんで ○を つけなさい。〈10点〉

ア（　）燃料《ねんりょう》を 燃やした 熱《ねつ》で 回《まわ》る タービンで 電気が つくられるから。

イ（　）水《みず》や 風《かぜ》の 力《ちから》が、今の 電気を つくる もとに なって いるから。

ウ（　）燃える 火を 身近《みぢか》に 見《み》る ことが 今でも 多《おお》く あるから。

(5) ④水や　空気《くうき》、石炭や　石油などと　ありますが、これを　いいかえた　ことばは　なんですか。文章中から　三字《さんじ》で　ぬき出しなさい。〈10点〉

自然《しぜん》の　［　　　］

(6) ⑤それなのにと　ありますが、「それ」の　さす　ないようを　かきなさい。〈15点〉

地球上《ちきゅうじょう》に　おいて、さまざまな　生《い》きものが　くらす　森《もり》や　海や、ゆたかな　土《つち》が　はぐくまれるのに、

「　　　　」

と　いう　こと。

(7) ⑥すべての　生きものが……なる　いっぽうと　ありますが、人間《にんげん》が、なにを　しつづけると　こうなるの　ですか。〈15点〉

人間が　便利《べんり》な　くらしを　おいもとめ、

「　　　　」

こと。

(8) この　文章の　ないようと　あう　ものを　一つ　えらんで　○を　つけなさい。〈10点〉

ア（　）世界中《せかいじゅう》の　人たちと　地球を　大切《たいせつ》に　する　ほうほうを　かんがえよう。

イ（　）火の　力で　地球の　水や　空気を　とりかえよう。

ウ（　）地球を　大切に　するために　ふべんな　くらしを　しよう。

復《ふく》習《しゅう》テスト⑦

15分

/100

答え 52ページ

学習日　月　日

1 つぎの 文章《ぶんしょう》を よんで、もんだいに こたえなさい。

わた毛《げ》は ふんわり 広《ひろ》がって いて、風《かぜ》を うけやすい 形《かたち》です。

わた毛の 下《した》には、茶色《ちゃいろ》の たねが ついて いて、風に のって、①いっしょに とんで いきます。

やがて、じめんに おちると たねから 根《ね》っこが のびて きて 芽《め》が 出《で》ます。

タンポポの たねは、どうして 風に のって とんで いくのでしょう?

それは、いろいろな ところで 芽を 出《だ》す ため。

ほら、タンポポは、おうちの 前《まえ》の 道《みち》ばたにも、公園《こうえん》や 野原《のはら》、かわらにも さいて いますね。風

ちらこちらから 芽を 出します。

（かんちくたかこ『タンポポのたね どうしてとんでいくの? 21種《しゅ》の たねのひみつ』）

(1) この文章は、なにに ついて かかれて いますか。文章中《ぶんしょうちゅう》から 二字《にじ》で ぬき出《だ》しなさい。〈25点〉

タンポポなどの [　　] に ついて。

(2) ①いっしょに とんで いきますと ありますが、なぜ わた毛《げ》と いっしょに とべるのですか。〈25点〉

わた毛が [　　] を うけやすい 形《かたち》だから。

に　のって　②たびを　して　どんどん　なかまを
ふやして　いるのです。
　タンポポのように　風に　のる　たねは、たくさん　ありますよ。はっぱが　とげとげの　アザミや　リスの　しっぽのような　ほを　つける　チガヤは、タンポポと　おなじように、わた毛で　ふわふわ　とんで　いく　たね。
　ケヤキの　たねは、はっぱの　つけ根に　くっついて　います。秋《あき》に　なって、はっぱが　かれると、はっぱと　いっしょに　風に　のって　ひらひら　かさこそ、とんで　いきます。
　イロハモミジの　実《み》は、プロペラのような　羽《はね》を　もって　います。2まいの　プロペラ、それぞれの　つけ根に、ぷっくり　ふくらんだ　ところが　あります。ここに　たねが　入《はい》って　います。たねが　じゅくすと、プロペラは　1まいずつに　わかれます。風が　ふくと　枝《えだ》から　はなれて　たねを　まん中《なか》に、くるくる　回《まわ》って　遠《とお》くまで　とんで、あ

(3) ②たびを　してと　ありますが、それは　なぜですか。〈25点〉

芽《め》を［　　　　　］ため。

(4) アザミ、チガヤ、ケヤキ、イロハモミジは、どんなことを　せつめいする　ための　れいですか。一《ひと》つ　えらんで　○を　つけなさい。〈25点〉

ア（　）わた毛が　ついて　いる　植物《しょくぶつ》が　タンポポの　ほかにも　ある　こと。

イ（　）プロペラのような　はねが　ついて　いる　植物《しょくぶつ》が　タンポポの　ほかにも　ある　こと。

ウ（　）遠《とお》くまで　とぶ　植物が　タンポポの　ほかにも　ある　こと。

学習日　月　日

19 大切《たいせつ》な ところ(1)

ねらい
大切なところを意識して、文章を読めるようになる。

★標準レベル
15分
/100
答え 53ページ

1 つぎの 文章《ぶんしょう》を よんで、もんだいに こたえなさい。

①そらに うかんで いる くもは なにから できるのだろうか。ふわふわの わたのようだし ソフトクリームみたいだが、いったい なにから つくられるのだろうか。

くもの もとは みずで ある。みずが あたためられると すいじょうきに なり、うえへ のぼって ゆく。これが くもの もとで ある。うえに あがった すいじょうきが そら たかく のぼって ゆくと そらの うえは つめたいので すいじょうきは ひえて ②ちいさな みず

(1) ①そらに うかんで いる くもと ありますが、これは なにから できて いるのですか。文章中《ぶんしょうちゅう》から 二字《にじ》と 六字《ろくじ》で ぬき出《だ》しなさい。〈25点×2〉

くもの もとで ある □□ が、

あたためられて □□□□□□

に なり、うえに のぼった もの。

の　つぶと　なる。
できた　みずの　ひとつぶは　とても　ちいさい
から、そらに　うかんで　おちて　こない。その
ちいさい、うかんだ　みずの　つぶの　あつまりが
くもと　なって　みえるので　ある。

　くもを　つくって　いる　ちいさな　みずの　つぶが　たくさんに　なると　たがいに　くっついて　おおきな　みずの　つぶと　なる。みずの　つぶが　おおきく　なると　おもく　なる。

　おもく　なると　うかんで　いる　ことが　できず　したへ　おちて　くる。それが　③あめで　ある。

　あめは　くもの　ちいさな　みずの　つぶが　あつまって、そらの　うえから　おちて　きた　ものなのだ。

（加古里子《かこさとし》『あめ、ゆき、あられ　くものいろいろ』）

---

(2) ②ちいさな　みずの　つぶと　なると　ありますが、なぜですか。りゆうを　文章中から　四字《よじ》で　ぬき出しなさい。〈20点〉

　そらの　うえは　[　　　　]　から。

(3) ③あめは　どのような　ものですか。文章中から　aと　cは　それぞれ　四字、bは　三字《さんじ》で　ぬき出しなさい。〈10点×3〉

　みずの　つぶが　くっついて　a[　　　　]　なった　ことで、b[　　　]　なり、c[　　　　]　いる　ことが　できなく　なって　したへ　おちて　きた　もの。

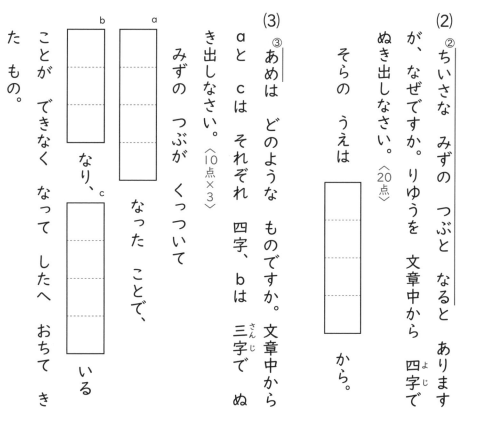

★★ 上級レベル

15分

/100

答え54ページ

学習日　月　日

1 つぎの 文章《ぶんしょう》を よんで、もんだいに こたえなさい。

えさがしに むちゅうに なって いると、①敵《てき》に おそわれて しまいます。

アカテガニの 武器《ぶき》は、大《おお》きな ハサミです。まず、ハサミを ふりあげ、あいてを おどかします。それでも にげない ときは、あいての からだを 強《つよ》く はさみます。

これで、たいていの 敵は あわてて にげて しまいます。

アカテガニのように、②強い ハサミを もって いない カニは どう するでしょう。

それぞれ、おもしろい、ちえを はたらかして、敵を あざむき、自分《じぶん》の 身《み》を まもって います。

敵が 近《ちか》づいても、気《き》づかれないように、うまく、

んで います。いつも 長《なが》い 目で まわりの ようすを うかがい、敵が 見えると、さっと 自分の あなの 中に かくれて しまいます。

④いちばん おそろしい 敵は、シギなどの 海《うみ》鳥《どり》たちです。長い 口《くち》ばしで、あっと いう まに ほりおこされて しまいます。

（小池康之《こいけやすゆき》『カニのくらし』）

(1) ①敵《てき》と ありますが、アカテガニは、敵に おそわれた とき どう しますか。文章中《ぶんしょうちゅう》から 四《よ》字《じ》で ぬき出《だ》しなさい。〈25点〉

大《おお》きな ハサミで 敵を □□□□ たり、はさんだり する。

自分の　からだを　かくして　しまう　カニも　います。
③イソクズガニや　モクズショイは、自分の　まわりに　はえて　いる　海《かい》そうを、一本《いっぽん》ずつ　ハサミで　切《き》りとり、せなかに　のせるのです。せなかには、こまかい　とげが　いっぱい　はえて　いて、うまく　海そうが　ひっかかるように　できて　います。こう　すると、自分の　からだが　まわりと　おなじように　なって、敵の　目《め》を　くらます　ことが　できるのです。
（中略《ちゅうりゃく》）

すばやく、砂《すな》の　中《なか》に　かくれたり、かくれがに　にげこんで　しまう　カニも　います。

ツノメガニは、敵の　すがたを　見《み》ると、すぐ　砂を　ほって　自分の　からだを　かくし、敵が　遠《とお》くに　行《い》って　しまうのを、目だけ　出《だ》して　うかがいます。

シオマネキは、見とおしの　よい　ひがたに　す

---

(2) ②強《つよ》い　ハサミを　もって　いない　カニは、どんな　ことを　して　自分《じぶん》の　身《み》を　まもって　いますか。文章中から　二字《にじ》で　ぬき出しなさい。〈25点〉

おもしろい　□□　を　はたらかせ、敵を　あざむく　こと。

(3) ③イソクズガニや　モクズショイは、どう　やって　自分の　身を　まもって　いますか。一《ひと》つ　えらんで　○を　つけなさい。〈25点〉

ア（　）砂《すな》の　中《なか》に　かくれる。
イ（　）まわりの　海《かい》そうを　せなかに　のせる。
ウ（　）ハサミを　ふりあげる。

(4) ④いちばん　おそろしい　敵と　ありますが、カニは　この　敵の　どんな　ところが　おそろしいのですか。〈25点〉

「　　」

★★★ 最高レベル

30分

/100

答え 55ページ

学習日　月　日

1 つぎの 文章《ぶんしょう》を よんで、もんだいに こたえなさい。

カキの 木《き》の 下《した》は、赤《あか》く 色《いろ》づいた 葉《は》や、茶《ちゃ》色《いろ》く 枯《か》れた 葉で、じゅうたんのように なって いました。

その 上《うえ》に、ぽつりと 緑色《みどりいろ》の カマキリが いました。ぼくは、気《き》づかれないように、しばらく ようすを うかがいました。

さて、なにを して いるのでしょう。カマキリは、①置物《おきもの》のように じっと して、うごきません。30分《ぷん》ほど 見《み》て いたでしょうか。とつぜん、カマキリの 体《からだ》が、スイッチの 入《はい》った おもちゃの ように、ゆらゆらと うごきはじめました。足《あし》を こうごに うごかし、ゆっくりと 前《まえ》に すすんで いきます。顔《かお》は いく 先《さき》を むいた ままで、かまは ほとんど うごかしません。ネコが ネズミを ねらって、しのび足で 近《ちか》づいて いくかのようです。

カマキリは、アカタテハを ねらって いるのでした。ぼくは、カメラを にぎりしめ、高《たか》なる 心《しん》臓《ぞう》の こどうを 感《かん》じながら、②その ようすを 見まもりました。

カマキリは、カキの 実《み》の すぐ そばまで くると、いったん とまり、触角《しょっかく》を 前に たおして、まったく うごかなく なりました。えものを *とらえるべきか いなかを、きめあぐんで いるようにも 見えます。ぼくは、カマキリに 気づかれないように、ゆっくりと 体を ひくく して、カメラの *ファインダーを のぞきました。

数十秒《すうじゅうびょう》 たち、アカタテハが、カキの 実に さしこんだ 長《なが》い 口《くち》を、わずかに ふるわせたしゅんかん、③パサッと 音《おと》が しました。あまりの はやさに、なにが おこったか わかりませんでした。カメラから 顔を はなして よく 見ると、カマキリが、アカタテハを かまで しっかりと つかまえて いたのです。

④ぼくは、つばを のみこみました。カマキリの、ハンターと しての *ほんりょうを 見た 思《おも》いです。

カマキリは、アカタテハを、頭《あたま》から もりもりと 食《た》べはじめました。口先《くちさき》に ついて いる ひげが、こきざみに ふるえて います。頭を 右《みぎ》に ねかしたり、左《ひだり》に ねかしたり して かじりつきます。そして、15分《ふん》ほどの 間《あいだ》に、はねだけを のこして、胸《むね》や 腹《はら》を すっかり 食べて しまいました。

カマキリの いちばんの 特徴《とくちょう》は、その ⑤大《おお》きな かまです。うでを のばして カマを ひろげると、歯《は》が 2列《れつ》に ならんで います。まるで、えものを 待《ま》ちうける ワニの 口のようです。うでから つながる 太《ふと》い 部分《ぶぶん》の 歯は、体の 外《そと》がわに むかって、すこし かたむきながら はえて います。

ぎゃくに、その 先の 細《ほそ》い 部分の 歯は、体の 内《うち》がわに むかって はえて います。関節《かんせつ》を とじると、両方《りょうほう》の 歯は、ぴったりと おさまる しくみに なって いるのです。

⑥かまの 先には、大きく するどい 爪《つめ》が、一本《ぽん》。この 爪で、つかんだ えものを、しっかりと 抱《だ》きかかえます。

（今森光彦《いまもりみつひこ》『やあ！ 出会《であ》えたね② カマキリ』）

（注《ちゅう》）○とらえるべきか いなかを、きめあぐんで＝とらえるべきか とらえるべきでないかを、きめられなくて。
○ファインダー＝カメラに つけられた のぞきまど。
○ほんりょう＝ほんらい もって いる せいしつ。

(1) ①置物《おきもの》と　ありますが、カマキリを　置物に　たとえて　いるのは　なぜですか。一《ひと》つ　えらんで○を　つけなさい。〈10点〉

ア（　）葉《は》の　上《うえ》に　いる　カマキリが　緑色《みどりいろ》を　して　いるから。

イ（　）カマキリが　じっと　とまって　いて、うごかないから。

ウ（　）カマキリが　かまを　ほとんど　うごかさないで　すすむから。

(2) ②その　ようすと　ありますが、なにが、どうして　いる　様子《ようす》かを　かきなさい。〈15点〉

［　　　　］様子。

(3) ③パサッと　音《おと》が　しましたと　ありますが、音が　したのは　なぜですか。〈15点〉

［　　　　］

(4) ④ぼくは、つばを　のみこみましたと　ありますが、この　ときの　ぼくの　思《おも》いを　文章中《ぶんしょうちゅう》から　四字《よじ》と　五字《ごじ》で　ぬき出《だ》しなさい。〈10点×2〉

カマキリの［　　　　　］と　しての［　　　　］を　見《み》た　思い。

(5) ⑤大《おお》きな かまの せつめいと して、**あてはまらない もの**を 一つ えらんで 〇を つけなさい。〈15点〉

ア（　）ワニの 口《くち》のように 歯《は》が 2列《れつ》 ならんで いる。

イ（　）関節《かんせつ》を とじると、はえて いる 歯が ぴったりと おさまる。

ウ（　）先《さき》の 細《ほそ》い 部分《ぶぶん》の 歯は、体《からだ》の 外《そと》がわに むけて はえて いる。

(6) ⑥かまの 先には、大きく するどい 爪《つめ》が、1本《ぽん》と ありますが、この 爪は なんの ために ありますか。一つ えらんで 〇を つけなさい。〈10点〉

ア（　）えものを おどろかせて、その すきに えものを つかまえるため。

イ（　）つかんだ えものを しっかりと 抱《だ》きかかえるため。

ウ（　）えものを 爪で かみくだいて、もりもりと 食《た》べるため。

(7) この 文章の ないように あう ものを 一つ えらんで 〇を つけなさい。〈15点〉

ア（　）カマキリは、えものを とらえて 食べる ハンターで、いちばんの 特徴《とくちょう》は 大きな かまで ある。

イ（　）アカタテハを カメラで とるのは とても むずかしいので、気《き》づかれないように 近《ちか》づかねば ならない。

ウ（　）カマキリは よい ハンターだが、アカタテハは すばやいので つかまえられない ことも ある。

学習日　　月　　日

20 大《たい》切《せつ》な ところ(2)

ねらい　文章の大切なところについての問いを解けるようになる。

★標準レベル　15分　/100　答え56ページ

1 つぎの 文章《ぶんしょう》を よんで、もんだいに こたえなさい。

たくさん はっぱを たべて、おおきく なった アゲハの ようちゅう。こんどは、①はっぱと そっくりな いろに へんしん。たべられない ための さくせんだ。

でも、てきも ひっしで むしたちを みつけだす。むしたちが おとなに なるまで いきのびるのは むずかしい。あ、アゲハが カマキリに おそわれた。でも、その カマキリを クモが あみを ひろげて まって いる。ほかにも、カマキリを ねらって いる ものが……

(1) ①はっぱと そっくりな いろに へんしんと ありますが、この ことを なんと いいかえて いますか。文章中《ぶんしょうちゅう》から 四字《よじ》で ぬき出《だ》しなさい。〈25点〉

たべられないように する　[　　　　]

ヒキガエルが　のっそり　ちかづいて　きて、カマキリを　ぱくり。ヒキガエルが　たべるのに　むちゅうに　なって　いると、こんどは　その　ヒキガエルを　カラスが　ねらって　いる。でも、カラスだって、するどい　くちばしや、つめを　もつオオタカには　かてない。つよい　オオタカも　しんだら　ちいさな　いきものたちの　ごちそうになる。いきものたちの　したいも　うんちも、おちばも、じめんに　いる　ちいさな　いきものに　たべられて　さいごは　えいように　かえられる。

そして、じめんの　ちいさな　いきものたちにつくられた　えいようは、きや　くさを　そだて、また　たくさんの　いきものを　そだてて　いく。

こうして、ちいさな　むしから　おおきな　いきものまで、②いただきます、ごちそうさまが　くりかえされる。

（嶋田《しまだ》泰子《やすこ》『いきもの　みーつけた　いのちはめぐる』）

(2) ②いただきます、ごちそうさまが　くりかえされるの　せつめいを　一《ひと》つ　えらんで　○を　つけなさい。〈25点〉

ア（　）いきものは　たべたり　たべられたり　して　いのちを　つないで　いる。

イ（　）すべての　いきものは　さいごは　じぶんより　つよい　てきに　たべられる。

ウ（　）おおきな　いきものは　てきが　いないので　えいように　ならない。

(3) この　文章の　ないようを　まとめた、つぎの　文に　あうように　文章中から　それぞれ　四字で　ぬき出しなさい。〈25点×2〉

いきものたちは　みんな　さいごは

［　　　　］に　かえられる。

それが、きや　くさや　たくさんの　いきものを

［　　　　］いく　ことに　なり、

いただきます、ごちそうさまが　くりかえされる。

15分

/100

答え57ページ

学習日 月 日

1 つぎの 文章《ぶんしょう》を よんで、もんだいに こたえなさい。

重《おも》さが 10～15キログラムしか ない 自転車《じてんしゃ》は、ちょっと 見《み》ると、*きゃしゃな 手作《てづく》り機械《きかい》と いった 感《かん》じですが、どんなに 重《おも》い 人《ひと》が のっても、らくらくと 走《はし》る ことが できます。のり手の ほかに 100キログラム いじょうの にもつを つんで、1時間《じかん》に 20キロメートルくらいの はやさで 走る ことが できる 自転車も あります。そして、走る ために ひつような エネルギーは、のる 人の 足《あし》の 力《ちから》だけと いう、ほかの どんな 機械も まねの できない ①すぐれた のりものです。

自転車は 止《と》まって いると すぐに たおれて しまうのに、②なぜ 走ると たおれにくく なる

います。その バランス感覚を いかして、自転車にも のって いるのです。

（高頭祥八《たかとうしょうはち》『自転車ものがたり』）

（注《ちゅう》）○きゃしゃ＝ほっそりして いて、よわよわしい こと。
○性質＝ものごとの とくちょう。

(1) ①すぐれた のりものと ありますが、自転車《じてんしゃ》の どんな ところの ことを いって いますか。文章中《ぶんしょうちゅう》から aは 二字《にじ》、bと cは 一字《いちじ》で ぬき出《だ》しなさい。〈10点×3〉

どんなに [a] 人《ひと》が のっても らくに 走《はし》る ところと、のる 人の [b] の [c] だけで 走る ところ。

のでしょう。
手を　はなすと　たおれて　しまう　フラフープも、ころがすと　なかなか　たおれないで　ころがって　いきます。同《おな》じように、自転車にも、走って　いる　ときに　たおれまいと　する　*性質《せいしつ》が　あります。

ほかにも、自転車には、(中略《ちゅうりゃく》)たおれにくいように　さまざまな　くふうが　して　あります。

でも、自転車が　たおれずに　走る　いちばん　大《おお》きな　理由《りゆう》は、のる　人が　じょうずに　バランスを　とって　いるからなのです。

みなさんが　自転車に　のって　いる　とき、自転車が　かたむいたら、かたむいた　ほうに　ハンドルを　きって、しせいを　立《た》てなおすでしょう。道路《どうろ》が　デコボコでも、それに　合《あ》わせて　バランスを　とるでしょう。

人間《にんげん》は　歩《ある》きはじめた　ときから、二本足《にほんあし》で　立つと　いう　バランス感覚《かんかく》を　身《み》に　つけて　きて

(2) ②なぜ　走ると　たおれにくく　なるのでしょう　と　ありますが、その　りゆうを、文章中の　[　　]　から　かんがえて　かきなさい。〈20点×2〉

・自転車は　走って　いる　ときに

[　　　　　　]から。

・自転車は　たおれにくいような

[　　　　　　]から。

(3) この　文章の　ないようを　まとめた、つぎの　文に　あうように、文章中から　aは　三字《さんじ》、bは　二字、cは　四字《よじ》で　ぬき出しなさい。〈10点×3〉

すぐれた　のりもので　ある　自転車に、人間《にんげん》は　a[　　　]　で　b[　　]　ことで　身《み》に　つけた　c[　　　　]　感覚《かんかく》で　のって　いる。

1 つぎの 文章《ぶんしょう》を よんで、もんだいに こたえなさい。

「友《とも》だちづき合《あ》いに 正解《せいかい》も まちがいも ないんだ」「友だちは かならず いた ほうが いい、と いう ことは ないんだ」「友だちなんて まったく いなくたって、立派《りっぱ》に 生《い》きて いく ことも できるんだ」と 知《し》って おけば、あとは「コワい ものなんて ない」のでは ないでしょうか。

「友だちなんて、ひとりも □、人生《じんせい》 OK《オーケー》、問題《もんだい》 なし！」

友だち問題で なやんだら、この おまじないの ことばを ブツブツ つぶやいて みましょう。きっと、心《こころ》が ちょっと ラクに なる はずですよ。

でも、そう 言《い》われても、「やっぱり 友だちが いた ほうが 楽《たの》しい！ 遊《あそ》びに 行《い》く ときも、ひとりより 友だちが いた ほうが にぎやかな 感《かん》じ」。そう 思《おも》って しまう 人《ひと》も いるでしょう。

「友だちが 少《すく》ないなんて、あの 子《こ》、ちょっと 性格《せいかく》が 悪《わる》いんじゃない？」。そう 思われたら どうしよう、と 心配《しんぱい》する 人も いるかも しれません。

さて、ここで つかわれて いる「友だち」と いうのは、それぞれ ちょっと 意味《いみ》が ちがうようです。

「友だちが いた ほうが 楽しい」と 言う 人に とって、友だちとは「どこかに いっしょに 出《で》かける 人、遊ぶ 人」です。

でも、「友だちが いないと 性格が 悪そう」と 言う 人に とっては、友だちとは「自分《じぶん》の 性格が 悪く ない、と いう ことを はっきり

させて くれる 人」。

遊ぶ 相手《あいて》が 友だちなのか、それとも「友だちが いるから、わたしは 性格が 悪く ないんだ」と 安心《あんしん》させて くれる 人が 友だちなのか。「友だちって そもそも なに？」と 考《かんが》え出《だ》すと、よく わからなく なって きますね。

まわりの 人たちに「友だちって なに？」と 聞《き》いても、その ①答《こた》えは いろいろでしょう。「大《だい》好《す》きな お笑《わら》い番組《ばんぐみ》の 話《はなし》が 通《つう》じる 人、それが 友だち！」「親《おや》に おこられて 悲《かな》しい ときに、わかって くれるのが 友だちなんじゃない？」「友だちはね、なんと いっても おしゃれの ライバル！」「ボクに とっての 友だちはですね、ともに 勉強《べんきょう》して おたがいを 高《たか》められる 関係《かんけい》ですね」「いま いちばん 大切《たいせつ》なのは 毎日《まいにち》、*ＬＩＮＥ《ライン》で 連絡《れんらく》してる 友だち。なんでも 話《はな》せるんだよ。……え？ 会《あ》った ことは ないから、どんな 顔《かお》なのかは わからないよ」

こういう 感じで、自分に とっての 友だちと、あの 子に とっての 友だちとは、ぜんぜん 意味が ちがう ことも あるのです。

だから、「世界一《せかいいち》の 友だちだよねー」と 言い合《あ》って いても、ひとりは「テレビ番組の 話が 合う 相手」と 思って いて、もう ひとりは「ひみつを 打《う》ち明《あ》けられる 相手」と 思って いる、なんて ことも。

人の 数《かず》だけ、「友だち」の 意味が ある。この ②「友だちの 意味は いろいろ」と いうのを ちゃんと わかって いないと、「えー、そんな はずじゃ なかったのに」と いう *誤解《ごかい》が 生《う》まれて しまう ことも あります。

逆《ぎゃく》に それさえ わかって いれば、友だちが 自分の 期待《きたい》に こたえて くれない ことが あっても、「そうか、あの 子に とっての 友だちの 意味って、わたしが 考えて いるのと ちがうのかも」と 落《お》ち着《つ》ける はずです。

ちがう　考《かんが》え　どうしの　だれかと　だれかが
仲《なか》よくするのが、友《とも》だち。そう　考えて　みるのも、
③ちょっと　おもしろいと　思《おも》いませんか。

（香山《かやま》リカ『友だちのひみつ』）

（注《ちゅう》）○ＬＩＮＥ《ライン》＝インターネットの　サービスの　一《ひと》つ。かんたんに
メッセージなどを　おくりあえる。
○誤解《ごかい》＝まちがって　りかいする　こと。

(1) □に　あてはまる　ことばを　文章中《ぶんしょうちゅう》から
六字《ろくじ》で　ぬき出《だ》しなさい。〈10点〉

(2) 友《とも》だちと、友だちは、それぞれ　どんな　人《ひと》の
ことを　さして　いますか。一《ひと》つずつ　えらんで、
きごうを　かきなさい。〈完答15点〉

・友だち（　　）
・友だち（　　）

ア　自分《じぶん》の　性格《せいかく》が　悪《わる》く　ないと　いう　こと
を　はっきりさせて　くれる　人。
イ　どこかに　いっしょに　出《で》かける　人、遊《あそ》ぶ
人。

(3) ①答《こた》えは　いろいろと　ありますが、どう　いう
ことですか。文章中から　三字《さんじ》で　ぬき出しなさ
い。〈10点〉

人　それぞれに　とっての　友だちとは、
ぜんぜん　意味《いみ》が　□　ことも　ある
と　いう　こと。

(4) ［　　］の ぶぶんは、どんな ふたりに ついて せつめいして いますか。一つ えらんで、○を つけなさい。〈10点〉

ア（　）おたがいに あいてを おなじ 意味の 友だちと 思《おも》って いる ふたり。

イ（　）おたがいに あいてを ちがう 意味の 友だちと 思って いる ふたり。

ウ（　）おたがいに これから 友だちに なりたいと 思って いる ふたり。

(5) ②「友だちの 意味は いろいろ」と ありますが、この ことを ちゃんと わかって いないと どう なるのですか。一つ えらんで、○を つけなさい。〈15点〉

ア（　）自分で 考《かんが》える ことで 落《お》ち着《つ》ける。

イ（　）友だちが 期待《きたい》に こたえて くれる。

ウ（　）誤解《ごかい》が 生《う》まれて しまう。

(6) ③ちょっと おもしろいと ありますが、どんな ことが ちょっと おもしろいのですか。〈20点〉

ちがう 考え どうしの 人が

［　　　　　　　　　　　　］

(7) この 文章の ないように あう ものを 一つ えらんで ○を つけなさい。〈20点〉

ア（　）友だちづき合《あ》いに 正解《せいかい》も まちがいも なく、友だちの 意味は 人 それぞれ ちがう。

イ（　）友だちの 意味は 人の 数《かず》だけ あり、おたがいに あいてに とっての 友だちの 意味を しる ひつようが ある。

ウ（　）友だちの 意味が おなじ 人 どうしで 仲《なか》よくすると、友だちとの 関《かん》係《けい》が うまく いきやすい。

せつめい文《ぶん》の　よみとり

21 大切《たいせつ》な　ところ(3)

ねらい　大切なところを意識して文章を読み、問題に答えられるようになる練習を積む。

学習日　月　日

★標準レベル

15分

/100

答え59ページ

1 つぎの　文章《ぶんしょう》を　よんで、もんだいに　こたえなさい。

　あなたは　はしる　ことが　すきですか。うんどうかいなどで　じょうずに　はしれなくて　くやしかった　ことは　ありませんか。はしる　ことは　あるく　こととは　ちがいます。あるく　ときは　どちらかの　あしが　かならず　じめんに　ついています。はしる　ときは　りょうほうの　あしが　じめんから　はなれて　とんで　いる　ときが　あります。

　ですから、はしる　ことは　とぶ　ことを　つづけて　やる　こととも　いえますね。あるく　こと

(1) はやく　はしる　動物《どうぶつ》と　して　文章中《ぶんしょうちゅう》に　でて　くる　動物は　なんですか。文章中から　二字《にじ》で　ぬき出《だ》しなさい。〈20点〉

(2) はしる　ことは　あるく　こととは　ちがいますと　ありますが、なにが　ちがいますか。文章中から　三字《さんじ》と　四字《よじ》で　ぬき出しなさい。〈10点×2〉

りょうほうの　あしが
　　　から
とんで　いる　ときが　あるか　ないか。

よりも　はしる　ことの　ほうが　むずかしい　うんどうな　わけです。はしる　ことは　いろいろな　うんどうや　スポーツを　おこなう　ために　とても　たいせつです。

（中略《ちゅうりゃく》）

　みじかい　きょりを　はやく　はしる　ときは、ひづめで　はしる　ウマのように　つまさきだちで　こしを　たかくします。そして、ちからづよく　けります。けった　あしを　すばやく　まえに　もって　きます。ひざを　たかく　ひきあげます。うでを　しぜんに　ふります。

　こうして、ほはばを　おおきく　しながら　のびのびと　はしるように　れんしゅうします。ふだん　あるく　ときから　こしを　たかくして　あるくように　して　いると、はしる　ときにも　じょうずに　はしれます。

（武藤芳照《むとうよしてる》・八田秀雄《はったひでお》『じょうずになろう　はしること』）

---

(3) はしる　ことの　せつめいと　して　**あてはまらない　もの**を　一《ひと》つ　えらんで　○を　つけなさい。〈20点〉

ア（　）とぶ　ことを　つづけて　やる　こと　とも　いえる。

イ（　）じめんに　どちらかの　あしを　かならず　つけて　はしる。

ウ（　）いろいろな　うんどうや　スポーツを　おこなう　ために　たいせつで　ある。

(4) この　文章を　まとめた　文に　あうように　文章中から　五字《ごじ》と　四字で　ぬき出しなさい。〈20点×2〉

はしる　ことは　あるく　ことより［　　　　　］うんどうで、ふだんから　こしを　たかくして　あるくように　して　いると［　　　　］に　はしれます。

★★ 上級レベル

15分

/100

答え60ページ

学習日　月　日

1 つぎの 文章《ぶんしょう》を よんで、もんだいに こたえなさい。

海水《かいすい》には、塩《しお》の ほかにも いろいろな ものが とけこんで います。それは 水《みず》には、ものを とかす 性質《せいしつ》が あるからです。

しかし、①どんな ものでも 水に とけるのでしょうか。ためしに 小麦粉《こむぎこ》を 水に いれて かきまぜて ごらん。水は にごるだけで、しばらくすると、底《そこ》の 方《ほう》に 小麦粉が しずんで きます。

塩の 場合《ばあい》は どうでしょうか。水に いれて かきまぜると、きれいに すきとおって みえなく なりますね。このように、＊いちように 水と まじりあって、すきとおって みえなく なる ことを ②水に とけたと いいます。

一度《いちど》 とけた ものは、水が 蒸発《じょうはつ》したり 温度《おんど》

(1) ①どんな ものでも 水《みず》に とけるのでしょうか と いう といかけへの こたえを 四字《よじ》で かきなさい。〈20点〉

小麦粉《こむぎこ》のように 水に □□□□ ものも ある。

(2) ②水に とけたとは、どう なる ことですか。文章中《ぶんしょうちゅう》から 四字で ぬき出《だ》しなさい。〈20点〉

水に いれた ものが、水と まじりあって □□□□ なる こと。

が　変化《へんか》しない　かぎり、けっして　底に　しずむことが　ありません。何年《なんねん》、何十年《なんじゅうねん》　たっても、すきとおった　ままです。

　とけて　みえなく　なった　塩は、ほんとうになくなって　しまったのでしょうか。いいえ、目《め》にみえない　小《ちい》さな　つぶに　なって　水の　中《なか》にまじって　います。

　ところが　③水に　とける　塩も、いくらでもとける　わけでは　ありません。一定《いってい》の　温度と一定量《いっていりょう》の　水に　とける　塩の　量には　限度《げんど》があります。水に　とけるだけ　とかした　液《えき》を「飽《ほう》和溶液《わようえき》」と　いいます。飽和とは、おなかが　いっぱいで、もう　これ　以上《いじょう》　食《た》べられないと　いう意味《いみ》です。水が　塩を　とかせるだけ　とかして、もう　これ　以上　塩を　とかせないと　いうのが飽和食塩水《しょくえんすい》です。

（片平孝《かたひらたかし》『塩　海《うみ》からきた宝石《ほうせき》』）

（注《ちゅう》）〇いちように＝おなじように。

(3) ③水に　とける……わけでは　ありませんと　ありますが、塩《しお》を　とかせるだけ　とかした　水の名前《なまえ》は　なんですか。一《ひと》つ　えらんで　〇を　つけなさい。〈30点〉

ア（　）海水《かいすい》

イ（　）飽和溶液《ほうわようえき》

ウ（　）飽和食塩水《しょくえんすい》

(4) この　文章の　まとめと　して　あてはまるものを　一つ　えらんで　〇を　つけなさい。〈30点〉

ア（　）塩は　水に　とけるが、とける　量《りょう》には　一定《いってい》の　限度《げんど》が　ある。

イ（　）塩は　水に　とけて、すきとおってなくなって　しまう。

ウ（　）水に　とけた　塩は、小《ちい》さな　つぶになって　しずむ。

★★★ 最高レベル

30分

/100

答え60ページ

学習日　月　日

1 つぎの 文章《ぶんしょう》を よんで、もんだいに こたえなさい。

カブトムシは、林《はやし》の 中《なか》を ゆっくり とんでいきます。

やがて、一本《いっぽん》の 木《き》の まわりを ぐるぐる とび回《まわ》りはじめると、バシッと いう 音《おと》を たてて、木の 幹《みき》に ぶつかりました。

カブトムシは、しずかに 着地《ちゃくち》できません。からだごと 幹に ぶつかり、足《あし》の つめを 木の 皮《かわ》に、ひっかけて、やっと 止《と》まります。

カブトムシが、暗《くら》い 林の 中で 樹液《じゅえき》の ありかを みつけたのです。

樹液は、カブトムシの たいせつな 食《た》べものです。カブトムシは、頭《あたま》を 幹に こすりつけるようにして、樹液を なめはじめました。

樹液を 食べものに して いる 昆虫《こんちゅう》は、カブトムシだけでは ありません。クワガタムシ、カナブン、ゴキブリ、スズメバチ、チョウ、ガなども樹液を 食べものに して います。その ため、①樹液の たくさん でる 木には、いろいろな昆虫が あつまります。

樹液は どうして でて くるのでしょう。

春《はる》に 芽《め》を だした 木《き》の 葉《は》は、夏《なつ》に なると太陽《たいよう》の 光《ひかり》を あび、木が 成長《せいちょう》する ための 栄《えい》養分《ようぶん》を たくさん つくります。栄養分を 根《ね》におくる とちゅう、幹に きずが つくと、そこから *糖分《とうぶん》を ふくんだ 液が しみでて きます。これが 樹液です。

幹の きずは、おもに カミキリムシの しわざです。この 幼虫《ようちゅう》は、クヌギや コナラの 木の中で そだち、成虫《せいちゅう》に なると、幹に あなを あ

けて でて きます。
②樹液は、昼《ひる》より 夜《よる》の ほうが たくさん で
ます。昼間《ひるま》、葉で つくられた 栄養分は、おもに
夜の あいだに 根に おくられて いくからです。
カブトムシたちは、夜に なると 樹液に あつ
まって きます。

幹の きず口《ぐち》から でた 樹液からは、時間《じかん》が
たつと、*発酵《はっこう》して あまずっぱい においが し
て きます。この においを たよりに、カブトム
シたちは やって きます。

カブトムシや クワガタムシは、③なかま どう
しでも、からだを ふれあわせて 仲《なか》よく 樹液を
すう ことは ありません。同《おな》じ なかまと いっ
ても、樹液を とりあう 敵《てき》だからで
す。

目《め》の よく みえない カブトムシ
や クワガタムシは、おたがいに からだが ふれ
あうと、④相手《あいて》を おいはらおうと します。

しかし、林の 中でも、樹液の たくさん でる
木は そう 多《おお》く ありません。おいはらっても
相手が にげようと しないと、つのを 低《ひく》く か
まえて、⑤たたかいを いどみます。

そして、たたかいに 勝《か》った ものだけが、樹液
を ひとりじめできるのです。

樹液を だす 木は、たたかいの 場《ば》に なるだ
けでは ありません。おすと めすの 出会《であ》いの
場でも あるのです。

樹液を なめて いる おすの カブトムシが、
からだに ふれられても、相手を おいはらわない
ことが あります。それは ⑥相手が めすの と
きです。おすは、触角《しょっかく》で ふれて、相手が めすだ
と わかると、触角を ふるわせながら、めすの
からだを 軽《かる》く たたきます。

（岸田功《きしだいさお》『カブトムシ』）

（注《ちゅう》）○糖分＝さとうの せいぶん。
○発酵＝びせいぶつが たべものを こまかく わける こと。

(1) この 文章《ぶんしょう》の ぜんはんの 大切《たいせつ》な ところを せつめいした 文が かんせいするように 文章《ぶんしょう》中《ちゅう》から aは 五字《ごじ》、bは 六字《ろくじ》、cは 二字《にじ》で ぬき出《だ》しなさい。〈10点×3〉

a［　　　　　］が 食《た》べる 樹液《じゅえき》は、太陽《たいよう》の 光《ひかり》を あびて、木《き》が 成長《せいちょう》する ための 栄養分《えいようぶん》と して つくられ、おもに b［　　　　　　］が 幹《みき》に c［　　］を つける ことで しみでて くる。

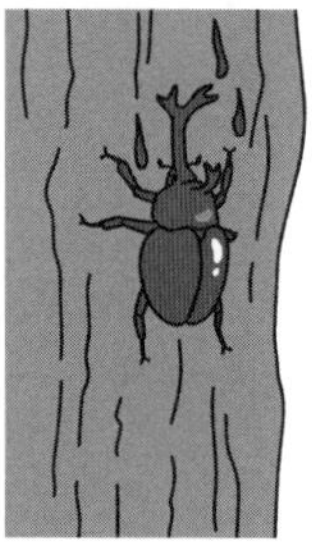

(2) ①樹液の たくさん……昆虫《こんちゅう》が あつまりますと ありますが、なぜですか。文章中から 四字《よじ》で ぬき出しなさい。〈10点〉

樹液を［　　　　］に して いる 昆虫は たくさん いるから。

(3) ②樹液は、昼《ひる》より……たくさん でますと ありますが、なぜですか。一《ひと》つ えらんで ○を つけなさい。〈10点〉

ア（　）栄養分は 夜《よる》に 根《ね》に おくられ、樹液を 出《だ》す 幹を とおるから。

イ（　）カブトムシたちは 夜に あつまって きて、幹に ぶつかるから。

ウ（　）昼間《ひるま》に 根で つくられた 栄養分が 夜に 幹に たまるから。

(4) ③なかまどうしでも……ことは　ありませんと　ありますが、なぜですか。一つ　えらんで　○を　つけなさい。〈10点〉

ア（　）樹液を　出す　木は、出会《であ》いの　場《ば》でも　あるから。

イ（　）同《おな》じ　なかまと　いっても、樹液を　とりあう　敵《てき》だから。

ウ（　）昆虫は　夜に　なると、幹の　周《まわ》りに　集《あつ》まって　くるから。

(5) ④相手《あいて》を　おいはらおうと　します、⑤たたかいを　いどみますと　あります。カブトムシや　クワガタムシは、なんの　ために　こんな　ことを　するのかを　かきなさい。〈10点〉

樹液を

(6) ⑥相手が　めすの　とき、おすの　カブトムシは　どんな　たいどを　とりますか。文章中から　七《なな》字《じ》で　ぬき出しなさい。〈10点〉

からだに　ふれられても、相手を

□□□□□□□。

(7) 文章の　ないようを　つぎのように　まとめました。□に　入《はい》る　ことばを　かきなさい。〈20点〉

・樹液を　出す　木は、昆虫たちに　とって、しょくじの　場で　あり、□でも　あります。

復《ふく》習《しゅう》テスト⑧

15分

/100

答え62ページ

学習日　月　日

1 つぎの　文章《ぶんしょう》を　よんで、もんだいに　こたえなさい。

昆虫《こんちゅう》の　多《おお》くは、植物《しょくぶつ》を　食《た》べて　いますが、昆虫を　食べる　昆虫も　います。その　昆虫も、①多くの　動物《どうぶつ》に　食べられて　います。

ハナグモ、カエル、トカゲは、虫《むし》の　動《うご》きを　見《み》て　とらえます。ネズミは　においで、コウモリは　超音波《ちょうおんぱ》で、虫を　みつけて　とらえます。鳥《とり》は、色《いろ》と　形《かたち》で　虫を　みわけます。

なかでも　鳥は　空《そら》を　飛《と》べ、目《め》が　発達《はったつ》して　います。目で　虫を　みつける　動物の　なかでは、鳥が　もっとも　多くの　虫を　とらえて　食べます。

（中略《ちゅうりゃく》）

く線《せん》が　わかりにくく　なります。

（大谷剛《おおたにたけし》『昆虫のふしぎ　色と形のひみつ』）

(1)　①多《おお》くの　動物《どうぶつ》は、なにを　見《み》たり　つかったり　して　虫《むし》を　とらえますか。一《ひと》つずつ　えらんで　きごうを　かきなさい。〈10点×2〉

ハナグモ、カエル、トカゲ（　　）　鳥《とり》（　　）

ア 色《いろ》と　形《かたち》　**イ** 虫の　動《うご》き

ウ 超音波《ちょうおんぱ》　**エ** におい

(2)　②昆虫《こんちゅう》の　立場《たちば》から　みて、鳥は　どんな　動物ですか。〈30点〉

目《め》で　虫を　みつける　動物の　なかで、鳥は

［　　　　　］

動物。

②昆虫の 立場《たちば》から、鳥に 食べられないように
する ための 方法《ほうほう》を 考《かんが》えて みましょう。
その 方法の 多くは、③鳥に みつからないように する ことです。自分《じぶん》の からだの 色に よく にた 場所《ばしょ》に じっと して いれば いいのです。動かなければ、まわりの 色に とけこみます。

ほとんどの 鳥は 昼間《ひるま》 活動《かつどう》します。そこで 多くの 虫たちは、昼間は なるべく 動かないように し、鳥が ねむりこんだ 夜《よる》に 活動するように なりました。その 代表《だいひょう》が、ガです。

まわりの 色に とけこむ 虫たちは、自分の からだの 色を 知《し》って いるかのように、からだの 色や もように よく にた 場所で 休《やす》みます。

みつかりにくく するには、からだの りんかくを わからなく して しまう、と いう 方法も あります。

からだを ひらたく すると、からだの りんか

---

(3) ③鳥に みつからないように する ために どのような 方法《ほうほう》を とって いるのですか。文章《ぶんしょう》中《ちゅう》から aは 一字《いちじ》、bは 三字《さんじ》、cは 四字《よじ》で ぬき出《だ》しなさい。〈10点×3〉

自分《じぶん》の からだの [a] や [b] に よく にた 場所《ばしょ》で じっと したり、からだを ひらたくして、[c] を わからなく したり する。

(4) この 文章の ないようを まとめた 文に、あうように かきなさい。〈20点〉

虫は、いろいろな 方法で 鳥に みつかって

「　　　　　　　　」

思《し》考《こう》力《りょく》問《もん》題《だい》に チャレンジ④

15分

/100

答え 62ページ

学習日　月　日

1 つぎの 文章《ぶんしょう》を よんで、もんだいに こたえなさい。

科学《かがく》を すすめる とき、ある ことがらに たいして こんな しくみに なって いるのでは ないかと、①仮《かり》に 考《かんが》え 思《おも》いえがく ことを「仮《か》説《せつ》」と 言《い》います。まだ 仮に 考えられた ことですから、実験《じっけん》などで 正《ただ》しいか どうか 調《しら》べねば なりません。

すべての 物《もの》と 物の あいだには、目《め》には 見《み》えなくても、たがいに 引《ひ》きつけあう 力《ちから》が はたらいて いるのでは ないか、と 考えた 人《ひと》が いました。アイザック・ニュートンです。ニュートンは まず、太陽《たいよう》や 月《つき》や 火星《かせい》が きまった 動《うご》

球の 上に ある 物も、地球と 引っぱりあいを して いる。ニュートンは、この 引っぱりあう 力の 大きさこそが、重さを 区別《くべつ》する 正体《しょうたい》だと 考えました。

（池内了《いけうちさとる》『重さと力 科学するってどんなこと？』）

(1) ①仮《かり》に 考《かんが》え 思《おも》いえがくと ありますが、その あとに ひつような ことは なにかを かきなさい。〈20点〉

実験《じっけん》などを おこなって、その 考えが

「　　　　　　　　」

きを　するのは、その　星《ほし》　どうしが　引っぱりあって　いるからでは　ないか、と　仮説を　だしました。[　　]のでは　ないかとも　考えました。

(中略《ちゅうりゃく》)

ニュートンは　天《てん》の　世界《せかい》ばかりで　なく、わたしたちが　生《い》きて　いる　地上《ちじょう》の　世界でも　おなじ　ことが　言えると　考えました。リンゴが　木《き》から　落《お》ちるのは、地球《ちきゅう》が　引っぱって　いるからだと　考えた　話《はなし》は、よく　知《し》られて　います。

地球の　引っぱる　力の　ために、リンゴは　地《じ》面《めん》の　ほうに　引きつけられます。リンゴも　地球を　引きつけますが、地球の　重《おも》さの　ほうが　圧《あっ》倒的《とうてき》に　大《おお》きいので、地球が　引きつける　力の　ほうが　ずっと　大きく　なります。それで、地面に　立《た》って　いる　わたしたちには、リンゴが　地球に　むかって　落ちて　くるように　見えます。

②月や　太陽や　地球は、それぞれ　たがいに、引っぱりあいを　して　いる。リンゴのように　地

---

(2) [　　]には、ニュートンが　考えた　「重《おも》さ」と「引《ひ》っぱる　力《ちから》」の　かんけいの　せつめいが　入《はい》ります。この　文章を　ふまえ、「重さ」と「引っぱる　力」という　ことばを　つかって　かきなさい。〈40点〉

「　　　　　　　　」

(3) ②月《つき》や　太陽《たいよう》や……引っぱりあいを　して　いる　と　ありますが、月や　太陽が、リンゴのように　地球《ちきゅう》の　地面《じめん》に　落《お》ちて　こないのは　なぜですか。「重さ」「リンゴ」という　ことばを　つかって　かきなさい。〈40点〉

月や　太陽と、地球は、

「　　　　　　　　」